AF204027

Joanna Burchert, Rasmus Grobe, Lena Setzepfand, Sebastian Schuster, Elina Fläschner

Lernen und Lehren in der beruflichen Weiterbildung: selbstorganisiert und digital?

Fallvignetten zum Lernen „mit und ohne"

www.tredition.de

© 2018 Joanna Burchert, Rasmus Grobe, Lena Setzepfand, Sebastian Schuster, Elina Fläschner

Verlag und Druck: tredition GmbH, Hamburg

ISBN
Paperback: 978-3-7469-6986-2
Hardcover: 978-3-7469-6987-9
e-Book: 978-3-7469-6988-6

Das diesem Bericht zugrundeliegende Vorhaben wurde mit Mitteln des Bundesministeriums für Bildung und Forschung unter dem Förderkennzeichen 21IAWB044A gefördert. Die Verantwortung für den Inhalt dieser Veröffentlichung liegt bei den Autor*innen.

GEFÖRDERT VOM

INHALT

Einleitung 8

Fallvignetten-Lesepfade 12

Die Fallvignetten 22

Fallvignette 1: Florent - „learning by Erfahrung" 23

Fallvignette 2: Anne - „Google ist dein Freund" 32

Fallvignette 3: Ralf – „es hat Spaß gemacht, es war praxisorientiert, super. Ende vom Lied: die sind fast alle durchgefallen" 42

Fallvignette 4: Ruth - „Wie macht man überhaupt [...] Dinge so, dass sie für andere Leute spannend sind und man was dabei lernt?" 49

Fallvignette 5: Manni – „Ich glaube, das ist wirklich ein geiles Konzept, selber zu machen und sich einen Weg zu legen und sagen: okay, ja, das hat mich ans Ziel geführt" 56

Fallvignette 6: Hartmut – „Was man sehr schnell gemerkt hat, ist, [...] dass es nicht reicht, dass man die Kamera draufhält und einen [...] Dozenten filmt" 62

Fallvignette 7: Monique – „es gibt manchmal auch erstaunlich wenig Phantasie bei Leuten, die in dem Bereich arbeiten, was man damit alles anstellen kann" 71

Fallvignette 8: Edwin und Eva - „die Motivationslage ist hier die Grundthematik" 81

Fallvignette 9: Angelika – „die lernen viel selber, aber man muss die schon an die Hand nehmen als Lernbegleiter" 90

Fallvignette 10: Lisa – „also ich finde Weiterbildung muss, damit sie effektiv wird, die Möglichkeit bieten, dass ich sagen kann:

hmm, passt irgendwie zu mir und meinem Alltag, meiner Aufgabe" 98

Fallvignette 11: Uli – „Inhalte so anbieten, dass Leute da [...] selbstbestimmt durchgehen können" 108

Fallvignette 12: Thilo – „über Interaktion, Machen und Tun" . 117

Fallvignette 13: Bernd - „wenn ich bestimmte Effekte erleben will, dann muss ich [sie] auch lebsam machen" 124

Fallvignette 14: Thomas – „Also das größte Problem ist, am Ball zu bleiben" 130

Fallvignette 15: Paul – „die Rolle auch nochmal zu reflektieren, dafür ist die Weiterbildung einfach auch sehr sehr gut" 140

Fallvignette 16: Tim – „Du bist eigentlich immer daran gewachsen, was du gerade für ne Aufgabe hattest" 148

Fallvignette 17: Tanja - „Reflexionsimpulse, damit sich die Leute selbst ein gutes System schaffen können" 162

Fallvignette 18: Konrad – „man kann sich das erst vorstellen, wenn man selber mittendrin war" 172

Fallvignette 19: Simone – „Die Technologisierung [...] widerspricht eigentlich meinem Lernverständnis von Ganzheitlichkeit" 183

Fallvignette 20: Basil – „Du kannst auch keine digitalen Angebote entwickeln, wenn du nicht selbst so drauf bist" 192

Methodische Beschreibung der Erstellung der Fallvignetten .. 202

Raum für eigene Notizen 207

Einleitung

Wie lernen Erwachsene für und in ihrem Beruf? Wie hat sich die Praxis der Weiterbildner*innen durch digitale Medien und die Digitalisierung der Arbeitswelt verändert? Was ist in der beruflichen Weiterbildung aus der Idee geworden, selbstorganisiert (oder selbstgesteuert oder selbstsorgend) zu lernen? Das waren zentrale Fragen in unserem Projekt DiEDa - „Entwicklung einer Weiterbildungsdidaktik für selbstorganisierte Lernprozesse mit Fokus auf lernerorientierte Differenzierung und unter sinnvollem Einsatz von digitalen Medien". Das Projekt wurde von November 2015 bis Dezember 2018 durch das Bundesministerium für Bildung und Forschung im Rahmen des Programmes „Innovative Ansätze zukunftsorientierter beruflicher Weiterbildung im Förderbereich Berufliche Weiterbildung" (InnovatWB) gefördert. Unsere Forschungsgruppe bestand aus wissenschaftlichen und studentischen Mitarbeiter*innen des Institut Technik und Bildung der Universität Bremen (ITB) und der Bildungswerkstatt für nachhaltige Entwicklung (BiWeNa) in Verden.

Menschen lernen durch Lesen, Zuhören, im sozialen Kontakt, über das Fernsehen etc. – neuerdings auch über digitale Medien. Sie lernen intentional über Dinge, die sie interessieren, oder nicht-intentional, quasi „nebenbei", weil das Lernen Teil ihrer Problemlösepraxis oder ihrer Entwicklungsaufgaben als Erwachsene ist. Für den Kontext formaler Bildungsangebote stellt sich die Frage, wie dieses selbstorganisierte Lernen in eine Didaktik eingebunden werden kann. Im Rahmen des Projektes wollten wir die Konzepte einer berufsbezogenen Weiterbildungsdidaktik selbstorganisierten Lernens fortführen, indem wir

- den Forschungsstand zum beruflichen Lernen Erwachsener mit besonderem Fokus auf die Nutzung digitaler Medien und selbstorganisierte Lernprozesse aufarbeiten;
- den Zusammenhang zwischen Entwicklungsaufgaben, Lernverhalten und Lernwiderständen bei erwachsenen Lernenden untersuchen;

- Erkenntnisse über pädagogische Selbstkonzepte, epistemologische Überzeugungen und die didaktische Praxis Lehrender in Bezug auf selbstorganisierte Lernprozesse und den Einsatz digitaler Medien gewinnen.

Ein Fazit, das wir aus dieser Forschungsarbeit zogen, lautet: einfache Antworten und elaborierte konkrete Konzepte zum Einsatz selbstorganisierten Lernens mit oder ohne digitale Medien gibt es kaum - zumindest nicht im Kontext (beruflicher) Weiterbildung. Es gibt aber pädagogische Leitideen, die sich wie ein roter Faden durch die Erzählungen vieler Weiterbildungs-Teilnehmer*innen, Weiterbildner*innen und Bildungsmanager*innen ziehen. Dazu gehört, dass selbstorganisiertes Lernen durch Freiräume für Interaktion, durch sinnvolle Strukturierungen und ihre Transparenz sowie durch Anregungen zur Reflexion unterstützt werden kann. Formale Weiterbildungen stellen selten den einzigen Zugang zum Lernen dar, sondern sind Teil einer persönlichen Lernumgebung. Die Kursgestaltung wiederum wird maßgeblich geprägt durch das Thema, das Lernziel, die Zielgruppe und die konkreten organisatorischen Bedingungen. Vor diesem Hintergrund wichen wir von der Idee einer übergreifenden didaktischen Modellentwicklung ab und wählten den Ansatz der Fallvignetten, um unsere Forschungserkenntnisse zu publizieren und um zum praktischen Nachdenken über die Gestaltung beruflicher Weiterbildung anzuregen. Unsere Fallvignetten sind ein Versuch, den Arbeits- und/oder Lernkontext, die Argumente und die Praktiken von jeweils einzelnen Weiterbildungs-Teilnehmer*innen, Weiterbildner*innen und Bildungsmanager*innen festzuhalten; sie sind also Zusammenfassungen von Interviews. Ergänzt werden diese Zusammenfassungen um Reflexionen des Forschungsteams zu jenen Facetten des Interviews, die uns am meisten beschäftigt haben. Manchmal – nicht immer – beinhalten solche Reflexionen Anknüpfungspunkte an die methodische oder bildungstheoretische Fachliteratur oder an einzelne Heuristiken wie das SAMR-Modell.

Wir publizieren die Fallvignetten, weil wir hoffen, dass sie

- von Weiterbildenden und Bildungsmanager*innen als Anregung oder auch Bestätigung für das eigene Handeln gelesen werden;
- Inspirationen für Lernende beinhalten;
- Studierenden und Forscher*innen im Bereich der Beruflichen Bildung und der Erwachsenenbildung einen vitalen Einblick in das Lernen und Lehren in der beruflichen Weiterbildung erlauben.

Zudem können die Fallvignetten das Nachvollziehen unserer als Synthese z.B. in Blogbeiträgen, Artikeln [1] und Vorträgen getroffenen

---

[1] Als Forschungsteam nahmen wir die Fallvignetten als Grundlage für die folgenden Artikel:

Burchert, Joanna; Grobe, Rasmus (2017): Herausforderungen bei der Implementierung digital gestützter beruflicher Weiterbildung. Die Sicht von WeiterbildnerInnen und BildungsmanagerInnen auf Strukturen, kulturelle Praktiken und Agency., Magazin erwachsenenbildung.at. Das Fachmedium für Forschung, Praxis und Diskurs. 30, 2 - 8. http://www.erwachsenenbildung.at/magazin/17-30/meb17-30.pdf

Burchert, Joanna und Grobe, Rasmus (2017). Crossing Boundaries to Enhance Sustainability in Construction. In: Kaiser, Franz & Krugmann, Susan (Eds.). Social Dimension and Participation in Vocational Education and Training. Proceedings of the 2nd Conference „Crossing Boundaries in VET", p. 105-107. University of Rostock. https://www.ibp.uni-rostock.de/fileadmin/uni-rostock/Alle_PHF/IBP/Sonstiges/VET-Conference_2017/Proceeding_onlineversion_final_01.pdf

Burchert, Joanna, und Michael Burchert (2018): Berufsbezogenes Lernen mit Twitter und YouTube: Social Media als amorpher Raum für Vernetzung und für die Bildung von Lerngemeinschaften». MedienPädagogik 30, (28. Februar), 36–49. doi:10.21240/mpaed/30/2018.02.28.X. URL: http://www.medienpaed.com/article/view/569

Im Blog lernen-neu-denken.de finden sich weitere Beiträge des Forschungsteams.

Schlussfolgerungen erleichtern und als „reflexive accounts" einer kritisch-sozialwissenschaftlichen Forschung dienen (Langer 2013).

Wir laden Sie damit ein, einerseits unseren Blick kennenzulernen, andererseits im Sinne des dialogic turn selbst zu deuten, zu hinterfragen, neue Sichtweisen auf das Lernen und Lehren in der beruflichen Weiterbildung zu entwickeln und gerne auch mit uns in Verbindung zu treten. Schreiben ist Silber, Verlinken ist Gold!

Bremen im Oktober 2018

Joanna Burchert, Rasmus Grobe, Lena Setzepfand, Sebastian Schuster, Elina Fläschner

Fallvignetten-Lesepfade

Die folgenden Fallvignetten können unabhängig voneinander gelesen werden – sie werden in der Reihenfolge ihrer Erstellung dargestellt.

Den Leser*innen, die sich strukturiert mit den Texten beschäftigen möchten, geben wir im Folgenden einige Lesepfade als Empfehlung auf den Weg. Diese Lesepfade entstanden in einer pädagogischen fuzzy logic, sie schließen alternative Arten des Lesens und Kuratierens keineswegs aus.

Lesepfad 1: Nach Zielgruppen

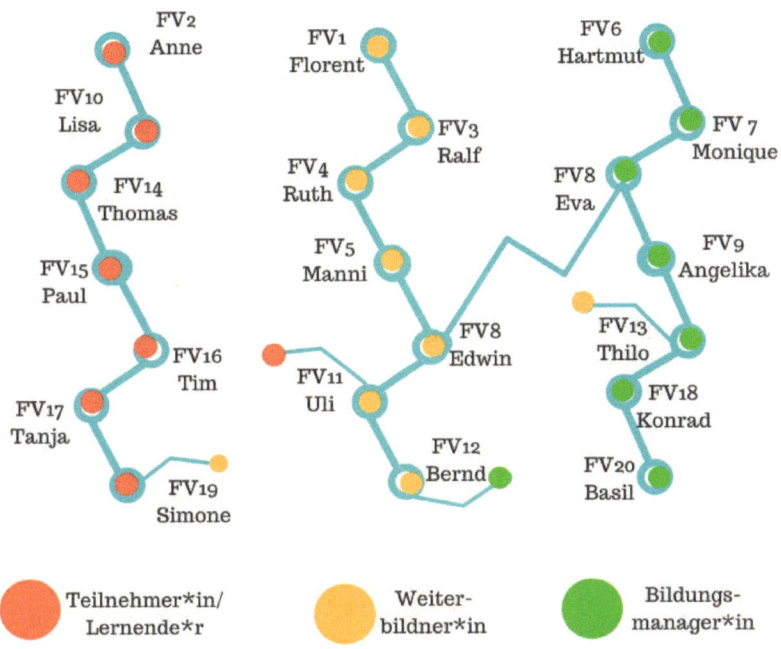

Lesepfad 2: Was wäre/ist denn gutes Lernen Erwachsener?

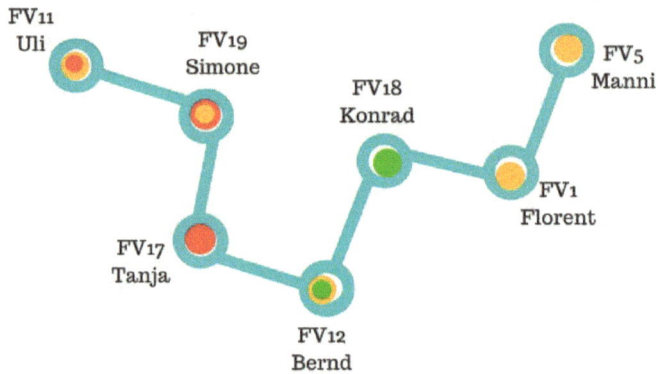

FV11
Uli

FV19
Simone

FV18
Konrad

FV5
Manni

FV1
Florent

FV17
Tanja

FV12
Bernd

Teilnehmer*in/
Lernende*r

Weiter-
bildner*in

Bildungs-
manager*in

Lesepfad 3: Herausforderungen bei der Implementierung innovativer Lernkonzepte

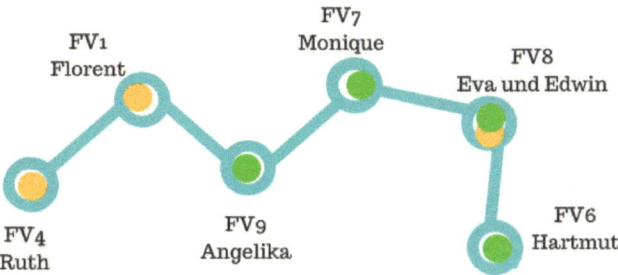

Teilnehmer*in/ Lernende*r   Weiter- bildner*in   Bildungs- manager*in

Lesepfad 4: Weiterbildung in persönlichen Lernnetzwerken

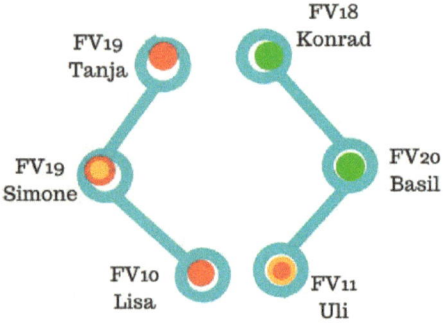

 Teilnehmer*in/ Lernende*r

 Weiter- bildner*in

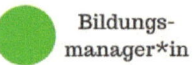 Bildungs- manager*in

Lesepfad 5: Lernen und Arbeiten in einer digitalen Welt

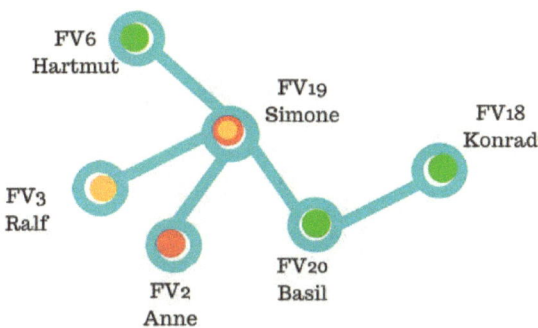

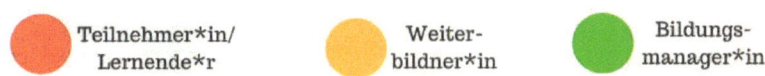

Teilnehmer*in/ Lernende*r

Weiter- bildner*in

Bildungs- manager*in

Lesepfad 6: Lernen lernen

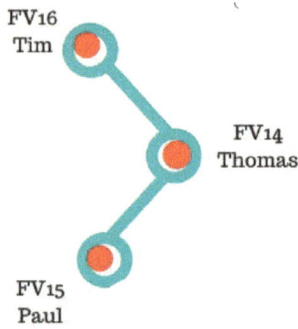

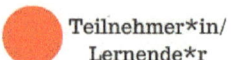 Teilnehmer*in/ Lernende*r

 Weiter- bildner*in

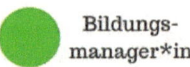 Bildungs- manager*in

Lesepfad 7: Reflexion von Haltungen in der beruflichen Weiterbildung

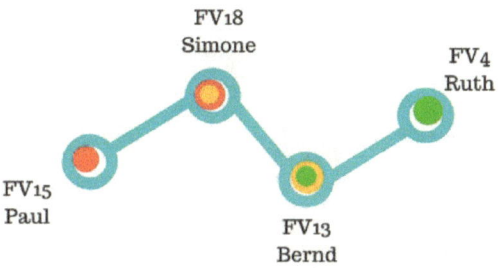

FV18
Simone

FV4
Ruth

FV15
Paul

FV13
Bernd

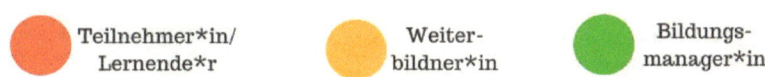

Teilnehmer*in/
Lernende*r

Weiter-
bildner*in

Bildungs-
manager*in

Lesepfad 8: Ist berufliche Weiterbildung digitalisierbar?

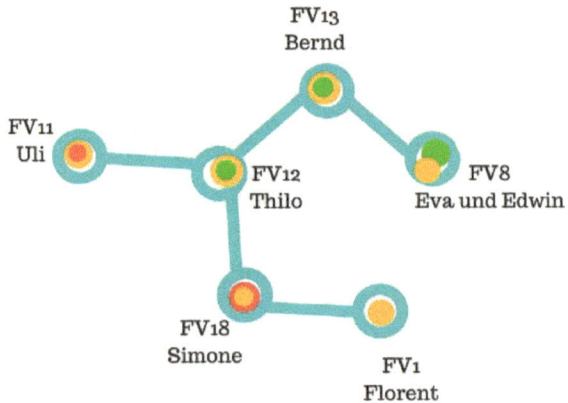

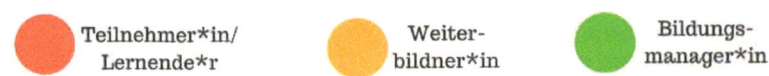

Teilnehmer*in/ Lernende*r

Weiter- bildner*in

Bildungs- manager*in

Lesepfad 9: Vom Lieblingszitate zur Fallvignette

„natürlich gibt es Themenbereiche, die sich ins Internet bringen lassen [...] so langweilige Sachen wie rechtliche Aspekte [...]. Das muss man ja nicht unbedingt versuchen, als Trainer in aufgelockerter Form den Teilnehmern beizubringen"
(Fallvignette 12, Thilo)

„bei Online-Sachen ist gerade eher das Problem, dass ich im Zweifelsfall mit einer guten Intention rein gehe und (...) und mich dann für etwas anmelde und dann merke so: äähh, nee! Das hat gerade nicht die Priorität, dass ich tatsächlich dabei bleibe. Und ich glaube, das ist tatsächlich die Herausforderung für das meiste Online-Learning: Wie kriegt man Leute dazu dass sie sich damit tatsächlich beschäftigen?"
(IFallvignette 11, Uli)

"Google ist dein Freund, man muss halt irgendwie alles durchsuchen und finden, ob man da irgendwie eine Lösung findet"
(Fallvignette 2, Anne)

„Es gibt un-unglaublich viele Kopien jedes Mal, auch nicht besonders viel beschrieben, was immer irgendwie dazu führt, dass viel um die ganzen Bäume geweint wird" (Fallvignette 15, Paul)

„Du bist eigentlich immer daran gewachsen, was du gerade für ne Aufgabe hattest. [...] Da war'n halt unheimlich viele Selbstlernphasen bei und einfach immer nur aus dem... aus der Motivation heraus, dass du gesagt hast: das, was du gerade machen musst, das bringst du dir jetzt bei irgendwie [bei], ne, nicht so auf Vorrat lernen oder so" (Fallvignette 16, Tim)

 Teilnehmer*in/ Lernende*r

 Weiter- bildner*in

 Bildungs- manager*in

Die Fallvignetten

Fallvignette 1: Florent - „learning by Erfahrung"

Hintergrund

Florent ist Mitarbeiter in einem kleinen Weiterbildungsinstitut, das Kurse im Bereich ökologischen Handwerks anbietet. Er ist hier für die Durchführung der Kurse zuständig, aber auch für die Akquise der Teilnehmenden, ihre Beratung (z.B. in Hinblick auf finanzielle Zuschüsse durch die Arbeitsagentur), Anmeldeformalitäten sowie die Organisation von Materialien und Co-Referent*innen. Diese breite Aufgabenbeschreibung geht einerseits mit Gestaltungsspielräumen einher – so nimmt Florent sehr bewusst die Zuordnung von Interessenten zu den einzelnen Kursen durch, um hier Heterogenität in Hinblick auf das Gewerk, Geschlecht, Alter und die Erfahrung zu erreichen. Andererseits wäre eine administrative Entlastung aus seiner Sicht wünschenswert.

Die Kursinhalte sind sehr praxisbezogen: was gelernt wird, kann unmittelbar im beruflichen Alltag eingesetzt werden. Daher sind die Teilnehmenden im Kurs vor allem Handwerker*innen (einzeln oder als Team aus einem Unternehmen), vereinzelt partizipieren Bauplaner*innen und private „Häuslebauer*innen" (Z. 37).

Selbstorganisiertes Lernen

Florent tritt als fachlicher Experte und Anleiter, als Lernbegleiter und Impulsgeber auf. Als Lernziel setzt er in seinem didaktischen Konzept, dass die Lernenden für die Einzigartigkeit jeder Baustelle sensibilisiert werden, eine reflektierende, kontextsensitive Haltung entwickeln, Routinen hinterfragen und einen aktiven Umgang mit Unsicherheit entwickeln. Das zeigt sich zum Beispiel am Umgang mit externen Referent*innen, die zu Schwerpunktthemen eingeladen werden. Im Anschluss an ihren Vortrag wird in der Kursgruppe reflektiert, was gesagt wurde – und inwiefern es ggf. als eine Firmenwerbung gesehen oder revidiert werden sollte. Selbstorganisiertes Lernen ist in diesem Sinne ein zentraler Bestandteil von Florents Weiterbildungsangebot und findet sich in verschiedenen Formen:

- Den Ablauf des Kurses gestaltet Florent so flexibel, dass die Gruppen eigene Schwerpunkte setzen, z.B. in ihrem eigenen Tempo, eher theoretisch oder eher praktisch arbeiten können.

- Die Teilnehmenden werden von Beginn an aufgefordert, sich in Kleingruppen an praktischen Lernstationen eigenständig zu koordinieren. Sie erhalten eine Aufgabe und ggf. eine kurze Anleitung und haben dann die Gelegenheit, selbst praktisch zu arbeiten, dabei ihre fachlichen Kenntnisse und Erfahrungen einzubringen und auch Fehler zu machen: „learning by Erfahrung" (Z. 99).

- Was die Erfahrung dabei vom „doing" abhebt ist, dass im Anschluss an jede Praxiseinheit gemeinsam und aus der Sicht verschiedener Gewerke reflektiert wird, was gut und was problematisch gelaufen ist. Austausch innerhalb und zwischen den Teams wird gefördert und gefordert. Fehler zu machen sieht Florent dabei als Prävention für die Praxis: „Also die dürfen Fehler machen hier, ganz bewusst, weil dann machen sie se draußen nicht" (Z. 27 f.)

- Die Zusammensetzung der Teams überlässt Florent nicht den Teilnehmenden selbst, sondern überlegt sich im Vorfeld aufgrund von Informationen über die Teilnehmenden eine möglichst sinnvolle Zusammensetzung, die Geschlecht, Erfahrungen, Gewerk etc. variiert, um peer learning zu stimulieren.

- Fachliches Wissen können die Teilnehmenden anhand von Info-Tafeln vertiefen, die in der Praxishalle aufgestellt sind und die bei Interesse studiert werden können. Jede Info-Tafel hat einen thematischen Schwerpunkt, was die Erarbeitung in Lernhäppchen als eine Art microlearning (Hug 2007) erleichtert.

- Der Kurs ist in zwei mehrtägige Lernblöcke geteilt. In der Zwischenzeit haben die Lernenden die Möglichkeit, anhand eines Manuals, einer Literaturliste und einer Empfehlung von Lernbaustellen eigenständig ihre Schwerpunkte zu vertiefen.

Das Selbstorganisierte des Lernens findet dabei in einem von dem Weiterbildner organisierten Rahmen statt, der als pädagogischer Schutzraum interpretiert werden kann, weil er gezielt auf die Ermöglichung des Lernens durch Erfahrung und Austausch abzielt (und nicht etwa durch disziplinäre Gründe motiviert ist). Dabei wird der berufliche Alltag antizipiert (jetzt Fehler machen, um sie später zu vermeiden) und die Teilnehmenden können ihre fachliche Erfahrung in den Arbeitsgruppen einbringen. Kritisch kann eingewandt werden, dass dieser Rahmen auf ein konventionelles Konzept von Weiterbildung verweist: die Bindung des Lernens an den Zusammenhang bezahlter Zeiten und Räume.

Nutzung digitaler Medien

Florent pflegt einen pragmatischen Umgang mit digitalen Medien: Was für ihn und die Teilnehmenden nützlich ist, wird auch gemacht. So nutzt er nutzt digitale Medien zur Werbung für den Kurs und als Angebot zur Vernetzung der Teilnehmenden. Als wesentliche von den Teilnehmenden nachgefragte Darstellungsform nennt er Bilder:

> „Wo sie gerne drauf hin gucken sind die Fotos […] zum Gucken was, von einzelnen Schritten, oder auch Fehler und so weiter" (Z. 159 f.).

Sowohl er als auch Teilnehmende laden Bilder aus der Weiterbildung in einen gemeinsamen Dropbox-Ordner. Darüber hinaus erwähnt Florent den Einsatz von Programmen wie PowerPoint während der Theorie-Einheiten. Das Medium dient hierbei als Hilfsmittel zur Präsentation von Lerninhalten und wird den Teilnehmenden anschließend via Dropbox zur Verfügung gestellt. Digitale Medien und deren Nutzung sind somit eng gekoppelt an die theoretischen Inhalte der Weiterbildungskurse.

Dem gegenüber steht die Praxis, die von Florent als das „Eigentliche" charakterisiert wird (Z. 379 ff.).

Eine stärkere Digitalisierung von Lerninhalten wurde in früheren Kursen mit einer offenen Lernplattform (Moodle) versucht, konnte sich aber nicht durchsetzen. Für das Scheitern macht Florent die Komplexität der Software verantwortlich: „ich hab es ja selber kaum in mein' Kopf reingekriegt" (Z. 375 f.). Gleichzeitig traut er den Kurs-Teilnehmenden wenig zu im Hinblick auf die Nutzung einer digitalen Lernplattform:

> „Wir haben hier eine Kundschaft, [...] die haben einfach Berührungsängste, [...] sag ich mal, mit den Computern und da muss man [es] sehr simpel einhalten" (Z. 148 ff.).

Diese Aussage speist sich aus der Erfahrung mit bisherigen Teilnehmer*innen.

Aus dem Interview mit Florent lassen sich drei Argumente gegen den Einsatz Digitaler Medien in der beruflichen Weiterbildung herauslesen. Erstens mache der Einsatz Digitaler Medien in einem von praktischen Übungen durchzogenen Seminar, in dem die Teilnehmer*innen selbst zupacken müssen, wenig Sinn und diene allenfalls als Hilfsmittel. Zweitens scheitere der Einsatz einer Digitalen Lernplattform an der Komplexität für die Dozent*innen. Und drittens zeichneten sich geringe Computerkenntnisse und eine allgemeine Skepsis der Teilnehmenden dafür verantwortlich.

Pädagogisches Selbstverständnis

Gleich zu Beginn des Interviews legt Florent sein Lehr-Lern-Verständnis offen: „Also unser Credo ist hier eigentlich: Das Pferd trinkt selber, aber zur Tränke kann ich es zu führen", korrigierte sich dann aber sofort: „Oder ich führe es zur Tränke, aber trinken muss es selber" (Z. 23 ff.). Damit offenbart er zwei Überzeugungen: eine für sich selbst angenommene Rolle als direktiver Lernbegleiter („führen"), und die Erkenntnis, dass Teilnehmende für ihr Lernen selbst verantwortlich sind. Das führt zu einer selbstbewussten, akzeptierenden Haltung gegenüber den Lernenden:

> „Ich denke, ich behandle sie einfach so, wie jeder gerne behandelt werden möchte. Eben als Mensch und nehme sie ernst. Ich stelle mich nicht über sie, sondern ich weiß halt in dem einen Fall ein bisschen mehr; ich weiß auch nicht alles" (Z. 278 ff.).

Florents didaktisches Konzept ist von einer an die berufliche Praxis angepassten pädagogischen Annäherung und auch durch Adaptivität an die Lernenden geprägt. Diese Adaptivität ist ihm einerseits aus pädagogischer Hinsicht wichtig, andererseits stellt sie sicher, dass die Weiterbildung besucht wird und sich dementsprechend als Angebot finanziell rentiert. Deutlich wird diese kaufmännische Haltung darin, dass er von den Lernenden als „Klientel" (Z. 14) oder „Kundschaft" (Z. 150 ff.) spricht und im Interview auch intensiv auf den Werbeaufwand für die Weiterbildung eingeht.

Eine wichtige Denkfigur für diesen Weiterbildner ist Vielfalt – sie spiegelt sich wieder in der organisatorisch geförderten Heterogenität der Gruppen, der Auswahl zusätzlicher Fachreferent*innen, aber auch in den pädagogischen Zugängen, die Florent nutzt: so spricht er im Verlauf des Interviews sowohl von „Inputs", wie auch von „Impulsen" und „Energien", was auf einen eklektizistischen Zugriff auf so unterschiedliche Theorien wie Behaviorismus, Gestalttheorie, Konstruktivismus und Systemtheorie anspielt. Erklärbar ist das durch die Bildungsbiographie des Weiterbildners, die praktische Arbeit auf Baustellen ebenso einschließt wie die Tätigkeit an der Universität und die Teilnahme an Kommunikations- und Mediationskursen.

Zusammenfassend kann dieser Weiterbildner-Typus als adaptiver Berufspädagoge bezeichnet werden, der pädagogisch flexibel die Begleitung und Strukturierung des Lernens in Gruppen umsetzt. Kennzeichnend für ihn ist, dass er anleitend selbstorganisiertes Lernen ermöglicht, um die Kenntnisse der Lernenden als Potential in die Lerngruppe einzubringen und um Lerntransfer zu erleichtern, und dass er den Teilnehmenden die aktive Schwerpunktsetzung zutraut (und diesen

Schwerpunkt im gewählten Rahmen auch akzeptiert). Die Formen selbstorganisierten Lernens sind hier vor allem peer-orientiert und durch den Weiterbildner strukturiert, in geringerem Ausmaß autodidaktisch. Digitale Medien werden als Lernmittel wenig genutzt.

Reflexion

Das Interview fand in einer Praxishalle statt, während ein Weiterbildungskurs durchgeführt wurde. Im Hintergrund war eine laute Maschine zu hören und gelegentlich näherten sich Lernende, um einen Einblick in die Interviewsituation zu erhalten. Der Eindruck, den wir als Interviewende von diesem Befragten hatten, war, dass er ein sehr guter Pädagoge ist - reflektiert, teilnehmer*innenorientiert, sicher im Umgang mit den gelehrten Inhalten und in der Praxis verankert. Demgegenüber stand eine Irritation, dass die Lernenden für ihn „Kund*innen" seien. Hier wird der für die Berufspädagogik typische Konflikt Pädagogik versus Verwertungslogik sichtbar (z.B. Pätzold und Drees 1989) wobei er in dieser Konstellation der beruflichen Weiterbildung als Dualität bestehen zu können scheint, ohne dass die pädagogische Vermittlung darunter leidet. Vielmehr ermöglicht der Status einer unabhängigen Weiterbildungsorganisation erst pädagogische Freiheiten wie die Vermittlung von Inhalten zum umweltgerechten Bauen.

Durch Beobachtungen in der Praxishalle wurde erkennbar, dass Florent offenbar sehr überlegt den Lernraum gestaltet: die Werkzeuge liegen wohlgeordnet an einer bestimmten Stelle, die Modulwände zum praktischen Arbeiten sind sinnvoll im Raum arrangiert, es gibt eine große Wand mit den „Info-Sheets" und einen Büchertisch, an dem Teilnehmende auch während der Praxiseinheiten Informationen nachschlagen können; Hinweisschilder erinnern an Baustellenordnung und Sicherheitsregeln. Dies verweist auf die Bedeutung eines „vorbereitete Lernraums" (Montessori) (vgl. Raapke 2001). Deutlich wird hier: dem Begriff der „Lernumgebung", der im Kontext digitaler Medien ja eine wichtige Rolle spielt, kann und sollte auch in „offline"-Lernkontexten Beachtung geschenkt werden.

Bei der Begleitung der Lernenden gibt Florent Impulse, lässt die Teilnehmenden dann aber Erfahrungen machen:

> „Ich sag ihnen: hier, ihr müsst eure Baustelle organisieren. Mehr sag ich nicht. Dann müssen sie selber mal gucken, wie kriegen die das hin" (Z. 26 f.).

Dabei dürfen Fehler gemacht werden, „weil am Fehler lernt man immer am besten" (Z. 28). Dieses Lernverständnis lässt Bezüge zum erfahrungsbasierten Ansatz (Dewey) und zu konstruktivistischer Didaktik erkennen (vgl. Reich 2012). Dazu passt auch die Dokumentation der Lerneinheiten: die Teilnehmenden schauen nach Florents Beobachtung im Nachhinein besonders gern nochmal die Fotos an, um sich daran zu erinnern, wie etwas aussehen sollte oder gemacht wird – auch die im Kurs verwendeten „Info-Sheets" basieren stark auf Fotos und Grafiken. Das wirkt wie eine Rekonstruktion situierten Lernens (Lave & Wenger 1999): grafische Elemente werden eingesetzt als Erinnerungsanker.

Florent berichtet, dass weniger Unterschiede im Lernen der Einzelnen als unterschiedliche Dynamiken der Gruppe für den Kursverlauf Bedeutung haben:

> „Ich muss die da abholen, wo sie sich befinden. Und das ist witzigerweise immer auch homogen in so einer Gruppe. Als würden die sich absprechen. Selten so... Also habe ich noch nicht erlebt, dass sie sich so trennen. Was von meiner Erfahrung immer gut ist, wenn es ein gemischter Kurs ist" (Zeile 223 ff.).

Interessanterweise ist die Heterogenität der Teilnehmenden aus Florents Sicht die Voraussetzung für diese Dynamik. Dieses Desiderat wird zum Anlass genommen, in weiteren Interviews mehr über diese Dynamik der Gruppe in Erfahrung zu bringen. Wie Langemeyer (2015) argumentiert, prägen kommunikative Gruppenprozesse sehr stark das Ausmaß, in dem vorhandene Kompetenzen der Einzelnen eingebracht werden - oder auch nicht. Solche Gruppenprozesse können durch geeignete Methoden zum Bestandteil erfahrungsbasierten Lernens gemacht werden (vgl. Lakey 2010).

Deutlich wird an diesem Fall, dass „selbstorganisiertes Lernen" unmittelbar mit der Haltung der Lehrenden, der Wahrnehmung der Lernenden und auch mit dem Inhalt des Vermittelten verknüpft ist: passive Teilnehmende, unflexible Weiterbildner*innen und Inhalte, die weder Variation noch pädagogische Freiheiten oder Fehler erlauben, machen die Umsetzung selbstorganisierter Konzepte schwer denkbar. Auch digitale Medien werden, so kann vermutet werden, eher dort genutzt, wo sie auch von den Teilnehmenden angefordert werden. Schließlich spielt das Verständnis der Lernorganisation bezüglich zeitlicher und räumlicher Dimensionen eine wichtige Rolle. Hier hat Florent einen klassischen Zugang: Zwar fragt er im Vorfeld der Kurse diverse Informationen von den Teilnehmenden ab und ist teilweise mit ihnen in Kontakt, die Gestaltung der „Zwischenzeiten" zwischen den aus zwei Blöcken bestehenden Weiterbildungen sind jedoch den Teilnehmenden selbst überlassen, ebenso der Transfer nach der Weiterbildung in die eigene Praxis. Dies mag in diesem Fall – hoher Anteil Selbständiger mit hohem Eigeninteresse an Nutzung des Gelernten – auch nicht so wichtig sein, für andere berufliche Kontexte dürfte die bewusste und integrale Gestaltung von Transfer-Phasen – als begleiteten Selbstlernphasen - jedoch mehr Bedeutung haben.

Literatur

Hug, T. (Hrsg.). (2007). Didactics of microlearning. Concepts, discourses and examples. Münster: Waxmann.

Langemeyer, I. (2015). Wissen der Achtsamkeit. Münster: Waxmann.

Lakey, G. (2010). Facilitating Group Learning. Strategies for Success with Adult Learners. San Francisco: Jossey-Bass .

Lave, J. und Wenger, E. (1999). Situated learning. Legitimate peripheral participation. Cambridge.

Pätzold, G. und. Drees G. (1989). Betriebliche Realität und pädagogische Notwendigkeit. Tätigkeitsstrukturen, Arbeitssituationen und Berufsbewußtsein von Ausbildungspersonal im Metallbereich. Sozialwissenschaftliches Forum, 24. Köln: Böhlau.

Raapke, Hans-Dietrich (2001). Montessori Heute. Elne Moderne Päda-gogik Für Familie, Kindergarten Und Schule. Hamburg: Rowohlt.

Reich, K. (2012). Konstruktivistische Didaktik. Das Lehr- und Studienbuch mit Online-Methodenpool. 5. Aufl. Weinheim/Basel: Beltz.

Fallvignette 2: Anne - „Google ist dein Freund"

Hintergrund

Anne arbeitet als Programmiererin in einem jungen Unternehmen im Bereich hardware-naher Programmierung. In dieser beruflichen Tätigkeit war sie zuvor auch schon bei anderen, meist kleineren Betrieben beschäftigt. Studiert hat Anne Mathematik, mit Informatik im Nebenfach. Ihr Unternehmen arbeitet an der Entwicklung neuester Technologien, die für den Endkundeneinsatz bestimmt sind; Anne wirkt an der Datenbank- und Oberflächenanbindung mit. Kennzeichnend für ihre eigene Tätigkeit, aber auch für die ihrer Kolleg*innen ist, dass das hierfür nötige Wissen wegen seiner Aktualität, Exklusivität und dem hohen Innovationsgrad nicht formal erlernbar ist: Der direkte Zugang zu Hersteller*innen der verwendeten Technologien und die Nutzung informell erworbenen Wissens in der Branche sind daher zentral.

Trotz ihrer beruflichen Affinität zu Informatik und Technik zeigt sich Anne privat sehr technik-kritisch: sie besitzt kein Smartphone (Z. 590) und würde die von ihrer Firma entwickelten technischen Lösungen niemals in ihrem Privathaushalt einsetzen (Z. 70 ff.). „Ich bin kein Technik-Fan" (ibid.) sagt sie und äußert sich dabei kritisch gegenüber dem Nutzen der von ihr mit entwickelten Technologien. „Sicherheitsgründe" spielen dabei für sie eine wesentliche Rolle.

Lernen gehört für Anne beruflich selbstverständlich mit zum Alltag, aber sie nutzt auch privat viele Gelegenheiten zur Weiterbildung, vorrangig online-basiert und fast ausschließlich bezogen auf Informatik-Inhalte: ihr privates Lerninteresse gilt somit – auf den ersten Blick - den gleichen Inhalten wie ihre Profession. Das Interview mit Anne erlaubte uns Einblick in eine durch Digitalisierung geprägte Arbeitswelt – und das Lernen mit MOOCs.

Selbstorganisiertes Lernen

Sowohl in Annes beruflichem wie auch in ihrem privaten Alltag ist Lernen wichtig - einen großen Teil dieses Lernens organisiert sie dabei selbständig. In beruflicher Hinsicht ist Lernen für sie eine Voraussetzung zum Arbeiten:

> „Eigentlich mache ich auf der Arbeit nichts anderes als Weiterbildung. Also [...] auf vorhandenes Wissen zurückgreifen kann man da äußerst selten" (Z. 82 ff.).

Zu diesen Lernprozessen gehört es unter anderem, Dokumentationen von Hersteller*innen zu beschaffen und Diskussionen anderer Entwickler*innen zu verfolgen. Dies geschieht fast ausschließlich online-basiert (s.u.). Anne sucht und findet auf diesem Wege Lösungen für die von ihr zu bewältigenden Programmieraufgaben. Die Entwicklungsarbeit in ihrer Firma entspricht darüber hinaus „ganz extrem" (Z. 152) einem Lernen durch Ausprobieren und Testen. Dies gilt insbesondere für den Hardware-basierten Teil der entwickelten Technologien. Dieser Entwicklungsansatz wird von der Unternehmensleitung gefördert: „Wie sagt unser Chef immer: wir ham ganz viel Spielzeug zum Testen" (Z. 152). Gelegentlich finden für Mitarbeiter*innen In-House-Schulungen über neue Produkte statt. Dies ist, so Anne,

> „aber wirklich eher selten, also im Allgemeinen müssen wir das irgendwie [...] selber erledigen" (Z. 147 f.).

Diese Art des ständigen Lernens on the job trifft nicht nur auf Anne, sondern auch auf ihre Kolleg*innen zu. Ohne kontinuierliche Weiterbildung

> „können wir nicht mehr weiterarbeiten. Also können wir die Firma zumachen. Des würde gar nicht gehen!" (Z. 127 f.).

Auch privat bildet Anne sich weiter. Nach ihren bevorzugten Lernformen gefragt, erklärt sie:

„Also A lese ich relativ viel Bücher, wenn des denn gibt. Da hab ich jetzt zum Beispiel momentan das Problem, [...] bei den meisten Sachen gibt's gar keine Bücher, das heißt die kann ich nicht lesen. Also das ist eigentlich meine priorisierte Lernform, Lehrbücher, vernünftige. Und dann mach ich ziemlich viele Online-Kurse" (Z. 174 ff.).

Diese Erklärung deutet darauf hin, dass Anne zum Selbststudium aufgearbeitete Materialien zu schätzen weiß. Der Hinweis auf das „momentan[e]" Fehlen geeigneter Fachbücher impliziert, dass hier vielleicht ein Rückblick auf die eigene Lernbiographie erfolgt: früher lernte Anne gern mit Büchern, derzeit macht sie das nicht mehr, weil es keine Literatur zu ihren aktuellen Interessensgebieten gibt. Die Wende hin zu Online-Kursen ist also dadurch erklärbar, dass sich Anne hauptsächlich zu Informatik-Themen neues Wissen aneignet. Dabei greift sie vor allem auf einen Anbieter zurück, mit dem sie gute Erfahrungen gemacht hat und dessen Lehr-Lern-Angebot in Form von MOOCs (massive open online courses) offenbar auch ihrer bevorzugten Lernweise entspricht (siehe auch unten). So schaut sie zu Beginn eines Jahres, welche Angebote sie nutzen will, um diese zeitlich einzutakten:

„In der Zeit bemühe ich mich, nicht irgendwelche anderen privaten Projekte noch irgendwie halt zu haben und des soweit zu organisieren" (Z. 533 f.).

Diese Strukturierung verweist auf den hohen Stellenwert, den MOOCs als Weiterbildungen für sie haben: belegte Kurse sollen tatsächlich intensiv zum Lernen genutzt werden, nicht einfach nur Möglichkeiten zum Reinschnuppern oder zu einer eklektizistischen Nutzung des Lernangebots sein (zu alternativen Lesemöglichkeiten von Weiterbildung vgl. z.B. Fallbeispiele in Kade & Seitter 1996). Die Recherche und Auswahl in Hinblick auf die Online-Kurse betreibt Anne selbstorganisiert. In der eigentlichen Lernphase gibt es strukturierende Rahmenbedingungen, die sie zu beachten hat:

„Die sind immer zu einer bestimmten Zeit [...]. Jetzt mache ich gerade einen, der ist diese und nächste Woche und dann muss man alles abgegeben haben, also des kann ich nicht selber legen, die sind wirklich zeitlich gebunden" (Z. 359 ff.).

Innerhalb des gesetzten Rahmens könne man sich, so Anne, die Zeit einteilen, aber Bedingungen wie Start- und Endzeit oder auch Deadlines in Hinblick auf Hausaufgaben und Peer-Assessments müssten eingehalten werden. Anne berichtet, dass die einzelnen Einheiten in der Regel immer nur eine Woche lang freigeschaltet seien und mit Tests abgeschlossen würden, bevor eine neue Woche mit neuen Inhalten freigeschaltet werde. Anne findet diese Struktur für sich aber hilfreich: „sonst würd man's ja ewig liegen lassen" (Z. 398). Zugleich nutzt sie die im Rahmen befindlichen Spielräume – sie könne alles machen, „wenn ich gerade Zeit habe, das ist halt das entscheidende" (Z. 207 f.). Innerhalb dieser Wochenfrist bieten die Online-Kurse die Möglichkeit, sie in kleinen Häppchen zu bearbeiten. Dennoch bevorzugt Anne eine komprimierte Art des Lernens:

„Wenn ich so einen Kurs mache, dann mach ich das meistens eher so, dass ich irgendwie drei Tage nichts mache und dann an einem Tag irgendwie die halbe Woche abarbeite, weil [...] zwischendurch, [...] das ist zu großer Aufwand" (579 ff.).

Sie empfindet microlearning als eher umständlich und begründet das auch damit, dass sie tagsüber am Rechner arbeite und aus gesundheitlichen Gründen nicht auch noch zu Hause am PC sitzen wolle.

Für die Teilnahme an den Online-Kursen erhält Anne Zertifikate, die sie Bewerbungen beilegt. Allerdings habe sie erst einmal erlebt, dass explizit auf den Nachweis kontinuierlicher Fort- und Weiterbildung Wert gelegt wurde.

Nutzung digitaler Medien

Annes Beruf prägt das Internet, und ihr berufliches Lernen ist ohne Internet nicht möglich:

„Wenn bei uns das Internet zusammenbrechen würde, könnten wir nach Hause gehen" (Z. 85 f.).

Zum berufsbezogenen Lernen gehört dabei zum einen das Recherchieren im Internet:

„man muss halt alle Foren durchsuchen, [...] Google ist dein Freund, man muss halt irgendwie alles durchsuchen [...], ob man da irgendwie eine Lösung findet" (Z. 103 ff.).

Zum anderen gibt es einschlägige Online-Foren, in denen Anne – sofern es keine vorhergehenden Einträge zu ihrem Problem gibt – selbst Fragen stellt und von anderen Entwickler*innen oder von Hersteller*innen Antworten bekommt.

Auch privat nutzt Anne vor allem das Internet zum Lernen. Dabei bevorzugt sie die Kurse eines Anbieters, der vor allem Informatik-Themen als MOOCs anbietet – ihnen gilt Annes Hauptinteresse. Die Kurse seien technisch gut gemacht und bestünden didaktisch aus kurzen Lernvideos, Selbsttests, individuell zu lösenden Programmieraufgaben, Peer-Assessments und Foren. Anne gefällt das kompakte Format der Videos:

„die Videos sind meistens nicht so lange, also irgendwie so ne Viertelstunde, des schafft man irgendwie immer mal zwischendurch [...] sich anzugucken" (Z. 209 ff.).

Bei den Programmieraufgaben könne man den Lernstoff praktisch anwenden - „da lernt man richtig was" (Z. 216 f.),

„Weil sonst nur sich diese Videos Gucken und diese Selbsttests Machen [...], ich behaupte, darüber lernt man es nicht, man muss es auch ausprobieren" (Z. 214 ff.).

Die an die Teilnehmenden gestellten Aufgaben werden einerseits automatisch korrigiert und bewertet. Andererseits gibt es die Aufforderung, sich als Lernende*r die Lösungen der anderen Teilnehmenden anzusehen und sie zu kommentieren. „Super sinnvoll" (Z. 238) findet Anne das, denn

„man programmiert in einer bestimmten Art und Weise [...] und dann seh ich, wie andere des machen und find das viel besser oder die haben noch viel größere, großartigere Lösungen da gefunden, also auf die man selbst nicht gekommen ist, also deswegen lernt man dadurch eigentlich noch wesentlich mehr, oder nicht wesentlich mehr aber viel noch dazu. Das ist total super" (Z. 251 ff.).

In den Foren zum MOOC können die Teilnehmenden Fragen stellen und miteinander diskutieren. Es können aber auch direkt Fragen an die Organisator*innen gestellt werden „und die beantworten die gemeinhin auch" (Z. 277). Bemerkenswert ist aus unserer Sicht, dass Anne ihre Weiterbildung, die sich ausschließlich um IT-Inhalte dreht, als privat konnotiert und nicht als Teil eines berufsbezogenen Lernens.

Selbstverständnis als Lernende

Annes Haltung zum Lernen zeichnet sie als eine Person aus, die mit einer großen Selbstverständlichkeit, sehr strukturiert, fokussiert und selbstorganisiert lernt. Beruflich gehört für Anne Lernen zum Arbeiten dazu, es wirkt sogar wie eine Voraussetzung dafür: Die Trennlinien zwischen produktiver Arbeit und Aneignung hierfür nötigen Wissens sind fließend. Privat gehört Lernen für Anne ebenfalls selbstverständlich zum Leben dazu. Sie sagt über sich:

„ich lerne überhaupt gerne. Also ich find des gruselig, wenn man nichts mehr dazu lernt" (Z. 194 f.).

Dabei ist auffällig, dass ihr privates Interesse in großen Teilen deckungsgleich mit ihrem beruflichen Tätigkeitsfeld scheint. Zu ihrer Motivation, sich fast ausschließlich zu Informatik-Inhalten weiterzubilden, sagt Anne:

„also, ich mein, ich könnte es ja irgendwann mal beruflich brauchen, vielleicht, aber eigentlich mehr aus privatem Interesse" (Z. 188 ff.).

Lediglich beiläufig erwähnt sie:

> „also ich lern auch nebenbei irgendwelche Sprachen, die man mal auffrischen müsste" (Z. 195 f.).

Auch hier räumt sie ein, dass es nicht nur um private Interessen geht:

> „Also es stimmt nicht ganz, er [der Vorgesetzte] hat letztens zu mir gesagt, ich möge bitte mal mich um meine Englisch-Kenntnisse da irgendwie mal kümmern, des muss ich dann zugeben, aber gut, da hat er auch einfach recht" (Z. 331 ff.).

Hinsichtlich der Lehr-Lern-Methoden bevorzugt Anne instruktionsbasierte Angebote, die sie sich selbst erschließen kann - so benennt sie als Favoriten Lehrbücher und MOOCs als im virtuellen Sinne frontale Lehr-Lern-Formen:

> „weil ich eigentlich eher ein Fan von der direkten Rückkopplung bin, also dass da jemand vorne steht und mir was erzählt, finde ich eigentlich großartig" (Z. 287 ff.).

Obwohl sie, wie oben beschrieben, gern von anderen lernt, macht Anne deutlich, dass sie eine Präferenz für autodidaktisches Lernen hat. Das Lernen in Gruppen meidet sie demgegenüber und erklärt, das zum einen mit schlechten Erfahrungen:

> „Im Informatik-Studium waren die Gruppen-Arbeiten immer ziemlich furchtbar. [...] Weil es meistens ein bis zwei Personen gibt, die was machen und die anderen sind der Meinung, dass sie nichts machen wollen" (Z. 444 ff.).

Sie fügt aber an, dass sie in ihrem Hauptstudium auch gute Erfahrungen mit Gruppenarbeit gemacht habe. Als zweiten Grund für das Lernen allein nennt sie das Fehlen von Personen mit ähnlichen Interessen.

Reflexion

Ein interessanter Widerspruch in Annes Aussagen ist ihr Umgang mit Digitalisierung: einerseits gehen bei ihr digitales Lernen und Arbeiten nahtlos ineinander über und auch zwischen ihrem beruflichen und ihrem privaten Interesse scheint es große Schnittmengen zu geben: Informatik ist „ihr Ding". Andrerseits grenzt sie sich gegen ihren Job ab: sie sei „kein Technik-Fan" und habe kein Smartphone. Sie nennt Sicherheitsbedenken als einen Grund – ein reflektiertes Wissen über Nutzen und Risiken von Informationstechnologien könnte dem zugrunde liegen. Es klingt, als ob sie bewusst eine Distanz zu den Dingen bzw. Kontrolle über das Umfeld halten will, die gleichzeitig wesentlich ihr Leben ausmachen.

Annes Schilderung ihrer Online-Kurse liefert uns in Umrissen die Anforderungen an gute Praxis von Online-Kursen:

- grundsätzlich kurze Einheiten, darunter:
- kurze Videos zur Aneignung der Lerninhalte,
- Selbsttests zur Überprüfung des erworbenen Faktenwissens,
- Anwendungsaufgaben für die praktische Anwendung und Reflexion,
- Peer-Assessments zur Selbstvergewisserung, zum Blick über den Tellerrand und zum eigenen vertieften Verständnis;
- Foren für die Kommunikation.

Interessant ist, dass Anne offenbar die Flexibilität, die ihr die kurzen Lerneinheiten bieten, gar nicht nutzt, sondern lieber „am Stück" lernt.

Ehlers (2004) baut eine Typologie von E-Lernenden auf Basis ihrer Wertschätzung von Qualitätskriterien für E-Learning auf. Diese Qualitätskriterien sind „Tutorielle Betreuung", „Kollaboration", „Technologie", „Kosten-Erwartung-Nutzen", „Informationstransparenz d. Angebots", „Kursverlauf" und „Didaktik". Dabei geht er davon aus, dass nicht jedem/ jeder Teilnehmenden jedes Kriterium in derselben Weise wichtig ist, und unterscheidet durch statistische Analyseverfahren vier unterschiedliche Präferenzen des Nutzungsverhaltens. In der von Ehlers (2004) entwickelten Typologie entspricht Anne am ehesten dem Typus eigenständig ergebnisorientierten Lernens.

Anne bringt wesentliche Voraussetzungen für selbstorganisiertes Lernen mit; sie verfügt über eine hohe Selbstregulationsfähigkeit, verstanden als

> „die systematische Herangehensweise an eine Lernhandlung durch metakognitive, motivationale und kognitive Lernstrategien" (Keller et al. 2013, S. 15).

Anne wählt die MOOCs, die sie besucht, gezielt aus, und plant Zeit für sie ein. Sie scheint für sich herausgefunden zu haben, auf welche Weise sie am liebsten und effektivsten lernt, ist dabei sehr reflektiert. Während des Lernens weiß unsere Interviewpartnerin vorgegebene Strukturen zu schätzen und fügt sich in diese ein, arbeitet die Lerninhalte und zu lösenden Aufgaben also gewissermaßen ab, ohne dadurch alternative Lösungswege aus den Augen zu verlieren. Darüber, was Anne nach mit dem Gelernten anfängt - ob und wie sie es anwendet, es auffrischt oder vertieft - haben wir wenig erfahren. Diese Frage sollte in der künftigen Forschung mehr Beachtung finden, weil sie hilfreich zum vertieften Verstehen von Lernmustern ist.

Literatur

Ehlers, Ulf-Daniel (2004). Qualität im E-Learning aus Lernersicht. Grundlagen, Empirie und Modellkonzeption subjektiver Qualität. Wiesbaden: VS

Hugger, Kai-Uwe/ Walber, Markus (Hrsg.) (2010). Digitale Lernwelten. Konzepte, Beispiele und Perspektiven. Wiesbaden: VS

Kade, Jochen & Seitter, Wolfgang. (1996). Lebenslanges Lernen - mögliche Bildungswelten: Erwachsenenbildung, Biographie und Alltag. Opladen: Leske + Budrich.

Keller, Sylvana / Ogrin, Sabine / Ruppert, Wolfgang / Schmitz, Bernhard (2013). Gelingendes Lernen durch Selbstregulation. Ein Trainingshandbuch für die Sekundarstufe II. Göttingen: Vandenhoeck & Ruprecht.

Lave, J. und Wenger, E. (1999). Situated learning. Legitimate peripheral participation. Cambridge.

Meister, Dorothee M./ Kamin, Anna-Maria: Digitale Lernwelten in der Erwachsenen- und Weiterbildung. In: Hugger/Walber (2010), S. 129-140

Fallvignette 3: Ralf – „es hat Spaß gemacht, es war praxisorientiert, super. Ende vom Lied: die sind fast alle durchgefallen"

Hintergrund

Ralf ist Vermessungsingenieur und arbeitet nebenberuflich als Dozent bei einem großen Träger für berufliche Aus- und Weiterbildung, der auf das Baugewerbe spezialisiert ist. Die Tätigkeit als Dozent ist für ihn ein willkommener Zusatzverdienst – gerade in den Wintermonaten, in denen die Auftragslage im Baubereich schlechter ist.

Ralfs berufliche Biografie ist kontinuierlich, aber voller Umbrüche: er absolvierte eine Ausbildung als Vermessungstechniker und sammelte anschließend Erfahrung in der beruflichen Praxis, dann schloss er ein Studium an der Fachhochschule an und arbeitete einige Zeit als wissenschaftlicher Mitarbeiter in Forschungsprojekten und Dozent, war dann als Vermessungstechniker angestellt und wurde arbeitslos, bis er freiberuflich als Vermessungsingenieur tätig wurde.

Selbstorganisiertes Lernen

Das Spektrum der von Ralf unterrichteten Zielgruppen und Kursformate ist breit:

> „Die Kurse gehen von, ich sag mal, ja, einen halben Tag, nicht ganz, also ein Tag Minimum, also wirklich für Vorarbeiter, bis hin eben halt zum Beispiel Auszubildende zum Bauzeichner-Beruf, die hab ich dann eine Woche und das ist ein Kolleg, was ich durchgeschrieben habe" (Z. 58 ff.).

Mit Blick auf seine Tätigkeit als Weiterbildner betont der Interviewpartner mehrfach die Unterschiedlichkeit der Zielgruppen, mit denen er zu tun hat:

„Wenn ich einen Vorarbeiter-Kurs habe, hm, das klingt vielleicht jetzt etwas hart, aber die haben schon Probleme, sich irgendwas schriftlich niederzulegen, sich selber was aufzuschreiben und das auch nachher wieder lesen zu können. Oder mathematisch, hm, da ist Punkt-Rechnung vor Strich-Rechnung, kommt da schon mal das erste große Aha" (Z. 66 ff.).

Auf der anderen Seite hat er es mit einem leistungsorientierten Kurs mit hoher Vorbildung zu tun:

„Geh ich an die Auszubildenden, wo ich eben von den Bauzeichnern komme, da hab ich einige Leute die ham Mathe-Leistungskurs – so, und da geht los, ne [...] da muss ich ein ganz anderes Profil anwenden." (Z. 72 ff.).

Ralf hat für alle seine Kurse Skripte geschrieben, die als Leitfaden für seinen Vortrag dienen. Diese Skripte würden, so unser Interviewpartner, teilweise auch von anderen Dozenten verwendet. Er betont aber:

„pädagogisch zum Beispiel hab ich überhaupt gar keine Erfahrung, das ist an sich alles so gewachsen" (Zeile 99 f.).

Ralf erklärt, dass er theoretische und praktische Lernphasen als gleichwertig sehe. Mit Bezug zu, selbstorganisierten Lernen berichtet er, dass er einmal projektorientierten Unterricht angeboten habe, der nicht gut gelungen sei:

„Letztes Jahr ist es gekommen mit dem geprüften Polier, und da gibt es auch noch eine ganz nette Story dazu. Ja, die müssen ja alles können und wir wollen das projektorientiert machen. Und gesagt: okay kein Skript, kein Skript! Und ich hab die [Lerngruppe] zwei Tage gehabt und hab die dann, sag ich mal, eingeteilt. Ich glaub, da waren zehn Leute, oder zwölf Leute in drei oder vier Gruppen, und hab gesagt: Sie sind Vorarbeiter; ich möchte die Höhe von da nach da übertragen haben, bitte machen Sie, wir machen jetzt hier eine projektorientierte Übung. [...] Im Anschluss, da Sie verantwortlich sind, halten Sie mir einen Vortrag oder Sie befehlen einen in der Gruppe eben halt. [...] Ich hab, na klar, die Leute auch, die eigentlich sehr sehr still sind, einfach zum Chef gemacht. Und einige hatten echt schon Kommunikationsschwierigkeiten in der Gruppe. [...] Und dann, zum Schluss, hab ich gefragt: hat Ihnen das was gebracht? Ja, es hat was gebracht, es hat Spaß gemacht, es war praxisorientiert, super. Ende vom Lied: die sind fast alle durchgefallen" (Zeilen 196 ff.).

Spürbar wird in Ralfs Erzählung, dass die Bildungsinstitution, in der der Dozent lehrt, wünscht, dass Formen selbstorganisierten Lernens wie z.B. projektorientiertes Lernen umgesetzt werden. Dennoch werden den Dozent*innen in der beruflichen Weiterbildung, die wie Ralf keine hauptamtlichen Weiterbildner*innen sind, keine Konzepte oder Fortbildungen angeboten, um sie bei der Gestaltung solcher Lernformen zu unterstützen. Das Scheitern entsprechender Versuche wird akzeptiert. Auch die Prüfungskonzepte scheinen nicht angemessen zu sein, um selbstorganisierte Lernformen zu bewerten.

Demgegenüber betont Ralf die Bedeutung informellen Lernens und des gegenseitigen Austausches:

> „Ja, da oben treffen sich ja immer alle Leute zum Kaffeetrinken und da wird dann halt auch manchmal gefragt und gesprochen [...]. Ich sehe das, das sag ich den Leuten auch [...]: das Wichtigste an diesen Kursen ist der Kontakt untereinander zu haben; und zwar geht allein schon damit los, wie macht ihr das denn auf der Baustelle um vielleicht zu lernen, abgucken zu können, bis hin zu Gehaltsverhandlungen oder was die Gewerkschaft sagt, dürft ihr das oder so? Diese Austauschmöglichkeit finde ich an sich immer bei solchen Seminaren viel viel wichtiger, wo

wir dann eben halt wirklich nicht nur alle von einer Firma sind, sondern eben halt mal über den Tellerrand hinausgucken können" (Z. 618 ff.).

Selbstorganisiert voneinander zu lernen ist Ralf also wichtig – dieses Lernen siedelt er aber nicht innerhalb, sondern am Rande der Fortbildung an.

Nutzung digitaler Medien

Ralf setzt digitale Medien einerseits als Lehrmittel ein:
> „PDF-Skripts, was ich eben halt rausgebe, hab dann dabei Übungen, [...] unterstütze das vielleicht mit ein paar Filmchen dabei" (Zeile 87 f.).

Andererseits zeigt er auch neuere Apps und Hardware, die in dem gelehrten Bereich auf der Baustelle Anwendung finden - hier werden digitale Medien also zum Inhalt der Weiterbildung:
> „Weil da sehe ich an sich die Zukunft drinnen. Ohne das, ja, ich sag mal, das große Telefon, das Tablet wird in Zukunft nichts mehr gehen. Also ich hab [...] jemand gehabt, die haben das alles vollkommen digitalisiert, die haben ihre Arbeitshefte vollkommen auf dem Tablet gehabt, die ham sich ihre Stunden eingetragen, die ham, wenn sie Baustelle waren, ihre Leitungspläne da drauf gehabt, die ham Photos gemacht, die ham da drauf gezeichnet. Ich hab denen jetzt zum Beispiel nochmal gezeigt, das ist in den letzten Jahren aufgekommen, Laserdistanz-Messer, dass man via Bluetooth eben da wirklich solche Zeichnungen generieren kann und eben so antippen" (Zeilen 128 ff.).

Die Bedeutsamkeit digitaler Medien sieht Ralf auch dadurch bestätigt, dass seine Teilnehmenden sie zunehmend nutzen: Handys hätten mittlerweile fast alle, Smartphones 90% - vor vier Jahren sei das noch anders gewesen (Z. 119 ff.). Er führt aber auch Gründe an, die derzeit der Nutzung digitaler Medien sowohl in der Ausbildung als auch in der beruflichen Praxis entgegenstehen: gegen letztere gäbe es Bedenken von Betriebsräten wegen Möglichkeiten der Überwachung, in der Ausbildung dürften Handys und Smartphones wegen möglicher Betrugsversuche nicht verwendet werden; stattdessen komme ein einheitlicher Taschenrechner zum Einsatz (Z. 165 ff.). Dennoch betont Ralf, dass die Entwicklung in Richtung digitaler Medien gehen werde: „aber da geht's hin, also Sie werden keine Baustelle mehr ohne Tablet haben" (Z. 712 ff.). Er fügt hinzu, dass dafür noch einige Apps entwickelt werden müssten. Er lässt anklingen, dass er sich selbst bereits daran versucht habe, eine App für den Arbeitsalltag zu programmieren, dieses Vorhaben aber letztlich aus Kosten-Nutzen-Erwägungen wieder aufgegeben habe (Z. 821 ff.). Durch das Aufkommen der digitalen Medien sieht Ralf den Beruf, für den er weiterbildet, nicht bedroht, aber in Veränderung:

> „Vermessung wird in Zukunft jeder können: ich muss bloß die Ergebnisse beurteilen können" (Zeile 850 f.).

Die kritische Reflexion der Leistungsfähigkeit digitaler Tools ist daher Teil seines Lehrplans.

Pädagogisches Selbstverständnis

Ralf macht im Interview mehrfach deutlich, dass die Motivation für seine Lehrtätigkeit letztlich eine materielle sei: in seiner freiberuflichen Tätigkeit als Vermesser sei im Winter die Auftragslage nicht gut. Er wirkt innerhalb seines Faches kompetent, technisch auf dem Stand der Dinge und setzt mit der Erstellung von Lehrskripten Standards. Obwohl der zeitliche Rahmen vor allem in den Aufstiegsfortbildungen sehr eng ist versucht Ralf, möglichst praxisnah zu arbeiten, erprobt neue Methoden wie projektorientiertes Lernen und stellt den Teilnehmenden hilfreiche Apps für Tablets und Smartphones vor, was nicht Inhalt der Prüfung ist. Sein Lehrziel scheint auch nicht in erster Linie das Bestehen der Prüfung zu sein, sondern das Bestehen als Arbeitnehmer*in, die Absicherung der eigenen Employability im Sinne einer Stärkung des beruflichen

Selbstbewusstseins. Das wird z.B. darin deutlich, dass er den informellen Austausch der Teilnehmenden über Arbeitsbedingungen als „das Wichtigste" konnotiert (s.o.), aber auch in dem folgenden Zitat:

> „Das ist ja aber auch so Sinn und Zweck und dann kommt immer so von den Kursteilnehmern: was sollen wir denn noch alles lernen? Das ist nun mal immer so ein Argument. Und dann sag ich einfach: wenn Sie Vermessung können, haben Sie eine Qualifikation wiederum Ihren Arbeitsplatz zu sichern oder um Geld zu fordern letztendlich auch" (Zeilen 855 ff.).

Reflexion

An dem Interview mit Ralf fanden wir zwei Aspekte besonders bemerkenswert: zum einen die Differenz zwischen dem Lernen für die Prüfung und dem Lernen „für das Leben" (s. Abschnitt zum pädagogischen Selbstverständnis). Zum anderen gab uns der von ihm beschriebene Misserfolg mit der „projektorientierten Übung" zu denken. Wir können den Misserfolg nicht für den Einzelfall begründen, aber wiederum auf ein Muster verweisen: es sind nicht nur die Vorprägungen und didaktischen Defizite von Lehrenden oder die individuellen Dispositionen der Lernenden (einschließlich deren lernbiografische Vorprägung), die anderem Lernen mit höherem Grad an Selbstorganisation und der sinnvollen Nutzung digitaler Medien entgegenstehen können, sondern auch ganz entscheidend die Rahmenbedingungen: wenn Prüfungsordnungen nicht eine sich verändernde berufliche Praxis berücksichtigen, können auch vorbereitende Lehre bzw. Lernprozesse nur begrenzt innovativ sein. Ralf spricht dies auch direkt an:

> „also im Prinzip ist es ja ein Prüfungsproblem, also die Prüfung passt dann nicht mehr zu den handlungsorientierten Aufgaben, die sie in dem Seminar oder in der Fortbildung wirklich machen, das ist ja ein Passungsproblem im Prinzip" (Z. 511 ff.).

Deutlich wurde, dass eine organisationale Unterstützung von Dozent*innen bei der Implementierung neuer Methoden, die so tiefgrei-
fend sind, unerlässlich bleibt.

Fallvignette 4: Ruth - „Wie macht man überhaupt [...] Dinge so, dass sie für andere Leute spannend sind und man was dabei lernt?"

Hintergrund

Ruth arbeitet für einen Verein, der Menschen mit Behinderung in die Arbeitswelt vermittelt. Zu ihrer Tätigkeit zählt Beratung, z.b. über Unterstützungsmöglichkeiten, und die Entwicklung von Qualifikationsmodulen, die am Ausbildungsrahmenlehrplan orientiert sind. Für einen neuen dualen Studiengang hat sie zudem Module für die berufliche Weiterbildung gestaltet und durchgeführt. Diese stehen im Mittelpunkt der vorliegenden Fallvignette.

Ruth hat ein pädagogisches Studium absolviert, sagt aber von sich, dass eher ihr politisches Engagement und die Arbeit in selbstverwalteten Gruppen ihre didaktischen Fähigkeiten geformt hätten. Leitend war für sie dabei die Frage:

> „Wie macht man überhaupt [...] Dinge so, dass sie für andere Leute spannend sind und man was dabei lernt?" (Zeilen 701 f.).

Nutzung digitaler Medien

Im Rahmen der Entwicklung einer berufsbegleitenden Weiterbildung an einer Hochschule hat Ruth zwei Module entwickelt und in diesem Rahmen unterschiedliche Lernsettings gestaltet und erprobt. Jedes Modul bestand aus zwei Präsenz-Wochenenden jeweils zu Beginn und am Ende der Lerneinheiten. Dazwischen lag eine zehnwöchige Online-Lernphase, welche den größten Teil der Lerneinheit darstellt:

> „Der größte Batzen ist eigentlich im Eigenlernen und das sollte halt in dieser Online-Phase passieren" (Z. 188 ff.)

Im ersten Modul sollten sich die Studierenden in der Online-Lernphase mithilfe verschiedener offener und kostenloser Tools wie Doodle und

Pads (webbasierten Texteditoren, die gemeinsame Bearbeitung erlauben) austauschen, digitale Treffen organisieren und gemeinsame Präsentationen erarbeiten. Flankiert wurden diese kollaborativen Arbeiten durch Inputs von Ruth und anderen Weiterbildenden in einem „virtuellen Treffraum" (Zeile 227).

> „der Kerngedanke war halt, dass sie einerseits durch die ganze Phase immer noch ein' Input zu einzelnen Themen kriegen" (Z. 220).

Diese Vorträge und Diskussionen wurden aufgezeichnet, so dass Studierende, die keine Zeit hatten teilzunehmen, sie später nachhören konnten. Als Nachteil dieses Ansatzes, mit einer Vielfalt an open source Werkzeugen zu arbeiten, beschreibt Ruth:

> „wir haben wirklich viel Zeit gebraucht, um das überhaupt zu erläutern, und es wäre wahrscheinlich einfacher gewesen, wenn man irgendwie sowas aus einem Guss gehabt hätte [...] - so mussten sie sich halt noch durch die verschiedenen Sachen wühlen " (Zeilen 222 ff.).

Im zweiten Modul erhielten die Studierenden jede Woche einen Text mit Leitfragen und sollten ein digitales Lerntagebuch führen. Im Unterschied zum ersten Modul wurde nun eine Lernplattform von der Hochschule bereitgestellt, deren Funktionen allerdings sehr beschränkt waren: es konnten nur die Weiterbildenden und Teilnehmende, die „technisch sehr versiert waren" (Zeile 289) Inhalte hochladen; Austausch der Teilnehmenden untereinander war nicht möglich. Technische Zugänglichkeit erfolgte hier also um den Preis der Interaktion der Teilnehmenden.

Bezeichnend für die Konzeption beider Online-Lernphasen war laut Ruth das viel zu geringe Budget, welches von Seiten der Bildungsinstitution bereitgestellt wurde. Mit mehr Geld, so Ruth, hätten die Online-Phasen nicht nur technisch einfacher, sondern auch spannender gestaltet werden können:

„Bei beiden Modulen war ein großer Hinkefuß, dass es halt eigentlich kein Budget dafür gab, also wir konnten nicht irgendwelche spannende Tools benutzen, weil wir kein Geld hatten"
(Z. 190 ff.).

Im Einsatz mit digitalen Medien machte Ruth die ernüchternde Erfahrung, dass viele Lernende überfordert waren:

„[den] Umgang mit solchen digitalen Angeboten oder Möglichkeiten [...] kann man nicht auf dem Level voraussetzen, wie ich
ihn für niedrig halte, also ich halte meinen eigenen Level ja
wirklich nicht für hoch, aber das..." (Zeile 230 ff.).

Das zeigte sich z.B. bei der Beteiligung an Telekonferenzen und der Nutzung von Pads (Zeilen 214 ff.).

Deutlich wird in Ruths Konzept, dass der Einsatz digitaler Medien unmittelbar an das übergreifende Konzept selbstorganisierten Lernens ge-
knüpft ist. Das wird im folgenden Abschnitt erläutert.

Selbstorganisiertes Lernen

Ruth stellt selbstorganisiertes Lernen in das Zentrum ihrer didaktischen
Überlegungen. Als selbstorganisiertes Lernen definiert sie dabei ein Lernen, in dessen Rahmen die erwachsenen Lernenden als Expert*innen
ihres Fachgebietes sich miteinander austauschen, in das sie Erfahrungen und Ressourcen einbringen, wo sie eigene Schwerpunkte setzen
und dessen Organisation sie selbst in die Hand nehmen (v.a. Zeilen 135
ff. und 205 ff.). Dabei sieht sie Selbstreflexion in dem konkreten beruflichen Feld (soziale Arbeit) als wichtiges Element an:

„das [ist] eigentlich immer 'ne wert-geleitete Arbeit und das ist
ziemlich wichtig, dass man sich irgendwie auch darüber klar-
macht: was sind eigentlich die Werte, auf deren Grundlage ich
hier mit Menschen mit Behinderung oder mit Drogenproble-
men oder sonst was arbeite? [...] Du kannst halt selten so allge-

meine Rezepte rüberbringen und dann brauchst du immer wieder diesen Rückgriff: okay was will ich eigentlich erreichen oder was ist mein Ziel, um in den akuten Situationen Entscheidungen zu treffen?" (Z. 152 ff.).

Folglich ist die eigene Reflexion über diese Werte ein wesentliches Element des entwickelten Weiterbildungsmoduls.

Zusammengefasst hat Ruth ein Blended Learning–Arrangement entwickelt und gestaltet, bestehend aus Präsenzphasen, ergänzenden (online)-Lernressourcen und (virtueller) Gruppenarbeit. Im Interview spürte Ruth anhand der Gestaltung der Weiterbildung den Gelingensbedingungen eines solchen Lernarrangements nach. Dazu gehören z.B. die Einteilung der Lerninhalte und Transparenz in Bezug auf die Erwartungen:

"Wenn man aus der Berufspraxis kommt, die ganze Schule und Lernerei nicht mehr gewöhnt ist, [...] da tut sich dann so eine Tür auf, man hat wahnsinnig viel Wissen und Information plötzlich und [...] für manche war es, glaub' ich, total inspirierend und für manche war es eben auch völlig erschlagend. [...] Da kam von der Rückmeldung erstaunlich viel der Wunsch, dass man das sozusagen noch mehr portioniert und handhabbar macht" (Zeilen 498 ff.).

Eine Form des Umgangs mit dieser Forderung war die Formulierung der Leitfragen zu den ausgegebenen Texten. Diese Leitfragen strukturierten die Bearbeitung der Texte:

"Dann ist auch nochmal klar: wie viel muss man eigentlich damit machen, also sozusagen was wird eigentlich erwartet, und dass man es natürlich immer noch mehr vertiefen kann ist ja eh klar, aber dann war so quasi [...] klar, wenn man so die vier Fragen beantworten kann, dann ist dem Ziel der Weiterbildung erstmal Genüge getan" (492 ff.).

Komplementär dazu sieht Ruth die Setzung klarer Lernziele seitens der Lernenden als wichtigen Faktor für die Beteiligung an einem solchen Bildungsformat (Z. 158 ff.).

Überraschend war aus Ruths Sicht, dass die Teilnehmenden, obwohl 10 Stunden als Wochenarbeitszeit festgesetzt waren, dieses Pensum nicht einhielten oder nicht einhalten konnten und im Feedback den Wunsch nach unterstützendem Druck äußerten. Dieser Druck könne auch von einer Arbeitsgruppe ausgehen - didaktisch also durch die Etablierung von Teams angeleitet werden (Zeilen 300 ff.). Die Arbeit solcher Kleingruppen funktionierte in dem Bildungsgang gut, weil, so Ruths Einschätzung, hinreichend viele Teilnehmende auch im Arbeitsalltag mit der selbständigen Organisation von Teams zu tun haben (Zeilen 330 ff.).

Pädagogisches Selbstverständnis

Selbstreflexion ist für Ruth zentral, was an vielen Stellen im Interview deutlich wird. Weitaus deutlicher als die bisher Befragten thematisiert sie auch das Spannungsfeld zwischen ihren Erwartungen an Erwachsenenbildung und dem, was sie in der von ihr konzipierten Weiterbildung erlebte. So hatte sie ein höheres Ausmaß an Selbständigkeit beim Lernen und mehr Medienkompetenz - vielleicht auch mehr Bereitschaft, spielerisch neue Anwendungen zu testen - erwartet.

Daraus resultiert dabei kein Zynismus, sondern eine – auch für uns hilfreiche - Reflexion von Gelingensbedingungen bei der Umsetzung digital gestützten Lernens in der beruflichen Weiterbildung (s. v.a. Abschnitt zum selbstorganisierten Lernen).

Reflexion

In dieser Fallvignette wird die eingeschränkte Gestaltungsfreiheit von Weiterbildenden deutlich, die daraus resultiert, dass diese in der Regel nicht hauptamtlich eingestellt sind, sondern bei Bedarf von Bildungsanbietern angefordert werden (z.B. Elias et al. 2015). Die anspruchsvollen pädagogischen Ideen der Weiterbildnerin werden durch organisationale Vorgaben - verfügbare technische Plattformen, finanzielle Ressourcen, dem Wunsch nach Standardisierung - in bestimmte Rahmen verwiesen. Gerade das Interesse, standardisierte Angebote bereitzu-stellen, wirkt dabei aus organisatorischer Perspektive verständlich - es schränkt Kosten ein, vereinfacht die Kommunikation über das Angebot auch in Hinblick auf eine Zertifizierung und erleichtert es, geeignetes Personal für die Durchführung der Weiterbildung zu finden. Gleichzeitig stellt Standardisierung eine pädagogische Vereinfachung dar, die die Grundidee dieses Bildungsangebotes in Frage stellt: erwünscht ist nicht nur, dass sich hier Expert*innen ihrer Fächer interdisziplinär austau-schen und vernetzen, sondern auch, dass sie neue berufliche Felder er-schließen - also innovativ wirken und gestalten. Sowohl Partizipations- als auch Innovationsprozesse sind aber schwer zu standardisieren – wenn überhaupt.

Das Dilemma zwischen Berechenbarem und Bahnbrechenden scheint jeder Weiterbildung - wenn auch vielleicht nicht in einem so starken Ausmaß wie im vorliegenden Fall - innezuwohnen. So argumentiert Kös-ter (2003), dass Teilnehmende das Wissen und die Fertigkeiten, die sie im Rahmen einer Weiterbildung erwerben, oft nicht im institutionellen Alltag einsetzen können:

> „Im Zusammenspiel mit den übrigen Trainingsteilnehmern wer-den soziale Praktiken, Regeln und Normen etabliert, die von den in der täglichen Interaktion mit Kollegen und Vorgesetzten üblichen abweichen. Die Rückkehr in das Unternehmen nach dem Training bedeutet daher, eine Schwelle zwischen zwei un-terschiedlichen kulturellen und sozialen Systemen zu über-schreiten - eine Schwelle, an der nur allzu oft das im Training Erlernte hängen bleibt" (Köster 2003, S. 257).

Eine andere interessante Facette dieser Interviewten ist ihre „atypi-sche" Rolle: sie wurde als die in Deutschland für ihr Fachgebiet vielleicht kompetenteste Expertin befragt, einen Beitrag für eine neu zu entwi-ckelnde Weiterbildung zu leisten, bringt aber nicht nur ihre fachliche Kompetenz, sondern auch ein hohes Maß an pädagogischer Kompetenz mit ein. Vielleicht durch ihre Rolle als „Externe" im Weiterbildungssystem ist sie in der Lage, auf hohem Niveau über ihre Erfahrungen zu reflektieren. Vom konkreten Fall abstrahiert kann die Frage gestellt werden, wie die Hinzuziehung „doppelt kompetenter" (inhaltlich und pädagogisch) Quereinsteiger*innen für das System beruflicher Weiterbildung ein erfolgsversprechender Weg für Innovationen – oder zumindest für neue Qualität - sein kann. Das setzt einen Dialog auf Augenhöhe, jenseits einer konventionellen Auftraggeber*in-Auftragnehmer*in-Beziehung voraus.

Literatur

Elias, Arne; Dobischat, Rolf; Cywinski, Robert; Alfänger, Julia (2015). Zur Professionalisierung der Erwachsenenbildung in Deutschland. Von der Notwendigkeit, Berufsentwicklungsprozesse an der Beschäftigungsrealität zu messen - In: Magazin Erwachsenenbildung.at (26), URL: http://www.erwachsenenbildung.at/magazin/15-26/meb15-26.pdf (01/07/2016).

Köster, Marco (2003). Warum Training selten funktioniert. Über die Notwendigkeit von soziologischer Perspektive in einer boomenden Branche. In: Sozialwissenschaften und Berufspraxis 26, Heft 3, S. 255-267.

Fallvignette 5: Manni – „Ich glaube, das ist wirklich ein geiles Konzept, selber zu machen und sich einen Weg zu legen und sagen: okay, ja, das hat mich ans Ziel geführt"

Hintergrund

Manni ist ausgebildeter Handwerker und Ingenieur, hat in seinem Leben schon in verschiedenen Jobs und für unterschiedliche Arbeitgeber*innen gearbeitet und betätigt sich parallel dazu selbständig. Seit vielen Jahren arbeitet er als Weiterbildner in der Erwachsenenbildung und bietet u.a. Kurse im Bereich Ökologisches Bauen an - hierauf lag dann auch der Schwerpunkt in unserem Interview. Neben seiner Ausbildung als Ingenieur hat Manni etwa ein halbes Jahr einen Kurs zu „Ingenieur-Pädagogik" (Z. 569) belegt. Ansonsten hat er im Bereich der Erwachsenenbildung keine formalen Qualifikationen erworben. Sein Knowhow als Weiterbildner hat er sich, wie er sagt, autodidaktisch angeeignet (Z. 576).

Selbstorganisiertes Lernen

Manni ermutigt Teilnehmende, selbst zu lernen und das Gelernte in Handeln umzusetzen. Sein Credo lautet: „macht es!" (Z. 157) und „alles ist richtig bzw. möglich" (Z. 174). Wichtig ist Manni hier vor allem, eine „Konsum-Haltung" (Z. 159) der Teilnehmenden zu vermeiden. Entsprechend gestaltet er seine Kurse so, dass die Teilnehmenden sich nicht zurücklehnen können, sondern selbst tätig werden. Sie sollen in der Praxis (die anders ist als die Theorie, das „Labor") Erfahrungen machen und durch Fehler lernen:

> „Es gibt nichts Besseres, als über Fehler zu lernen" (Z. 121 ff.).

> „Ich glaube, das ist wirklich ein geiles Konzept: selber zu machen und sich einen Weg zu legen und sagen: okay, ja, das hat mich ans Ziel geführt. Also Selbstreflexion sozusagen" (Z. 121 ff.).

Dazu gehört auch, dass Manni als Leitender die Inhalte und Lern-Ziele in den Kursen nicht allein bestimmen möchte, sondern mit den Teilnehmer*innen gemeinsam Zielvorgaben aushandelt (Z. 181 f.). Das ist im Rahmen der Weiterbildungen, die er anbietet, auch möglich. Er plädiert - ähnlich wie unsere Interviewpartnerin Ruth - dafür, klare Zielvorgaben zu formulieren und gemeinsam umzusetzen (Z. 178 ff. u. Z. 357 f.). Dabei spricht er mit Verweis auf die Montessori-Pädagogik von „vorbereiteten Räumen", die es bereitzustellen gälte, denn die Idee, dass die Weiterbildungsinteressierten ohne Begleitung und ohne einen abgesteckten Rahmen sich selbst organisieren, hält Manni für „Wunschdenken" (Z. 249). Manni konstatiert einen Zusammenhang zwischen dem Alter der Lernenden und der Umsetzung von selbstorganisiertem Lernen: vor allem ältere Teilnehmende seien geprägt von Lernstilen, die eher dem Frontal-Unterricht entsprächen, und wollten oder könnten daher weniger selbstorganisiert lernen. Gleiches gelte auch für den Einsatz von Lehrmaterialien: Ein Teil seiner „Kundschaft" setze immer noch auf analoge Hilfsmittel und sei mit digitalen Angeboten wenig vertraut oder überfordert (Z. 254 ff.)

Oft verweist Manni im Interview auf die Produktivität von Widersprüchen, an denen man lernen könne: er fordert die Teilnehmenden z.B. auf, Block und Fotoapparat mitzubringen und ihre Fragen und Kritik aufzuschreiben – damit werde dann die Theorie erarbeitet (Z. 107). Bücher, Seminare, ein Studium könnten dabei hilfreich sein, aber letztlich sei es die Praxis, wo wirklich lernen stattfinde (Z. 128 ff.)

Einsatz digitaler Medien

Manni nutzt das Internet zu Recherchezwecken und kopiert dann Inhalte oder druckt sie aus und nutzt sie teilweise auch für seine Kurse. Andere Funktionen von digitalen Medien kennt er teilweise, aber offenbar nur in der Theorie: so beschreibt er die Funktionsweise der Spracherkennungs- und Suchsoftware SIRI und Cortana, liegt dabei aber inhaltlich falsch. Er sagt auch, er habe noch nie gechattet (Z. 186). Die Arbeit am Computer erschöpfe ihn und sei ihm zu einseitig. Manni zeigt sich auch skeptisch gegenüber der Digitalisierung von Lernprozessen:

> „Und heutzutage ist aber ähnlich durch die modernen- durch Software, da habe ich auch keine Verlinkung mehr […]. Wir hinterfragen das nicht mehr so, da sehe ich eine Gefahr drin in digitalen Medien" (Zeile 99 ff.).

> „Ich glaube, dass ausschließlich Lernen übers Internet verarmt, dass soziale Kompetenzen runterfallen" (Zeile 659).

Andererseits sagt Manni, dass er digitale Medien „zum Methodenwechsel" (Abs 77) auch für seine Seminare nutze: die Teilnehmenden sollen sich Videos auf YouTube ansehen, z.B. um bewusst nachzuvollziehen, wie andere ein Haus gebaut haben. Empfehlungen zu konkreten Videos gibt er ihnen aber nicht: die Teilnehmenden sollen einen Suchbegriff eingeben und aus der Vielfalt auswählen.

Interessant an Manni ist vielleicht nicht unbedingt die Art und Weise, wie digitale Medien in seinen Kursen eingesetzt werden, sondern welches Verständnis er von Digitalen Medien und – etwas allgemeiner gesagt – von der Digitalisierung des Lernens, mitbringt: Er ist ein Digitalisierungs-Skeptiker, der sich den Chancen des Internets dennoch nicht zu entziehen vermag: Im Umgang mit digitalen Medien wirkt Manni gleichermaßen optimistisch wie vorurteilsbeladen. Der Einsatz von digitalen Medien in seinen Kursen lässt sich als eher traditionell oder auch „konservativ" (vgl. Park 2016) beschreiben: Es werden Informationen auf der Webseite bereitgestellt, die von den Lernenden abgerufen werden können, Informationen aus dem Web werden kopiert; Suchaufträge zu bestimmten Themen erteilt. Die Möglichkeiten interaktiver und kommunikativer Nutzung digitaler Medien nimmt Manni nicht wahr; er übernimmt auch nicht die Rolle des Kurators von guten Inhalten.

Pädagogisches Selbstverständnis

Mannis Lehr-Lern-Ansatz ist das „Learning by doing" - er begründet dies aus seiner eigenen Persönlichkeit heraus:

> „So ich als Ingenieur [...] oder als Mann und Ingenieur sag ich
> also: das, was ich be-griffen habe, also angefasst habe, das hab
> ich wirklich, das kann ich verinnerlichen" (Z. 59 ff.).

Reine Wissensvermittlung sieht er als problematisch, weil die Verlinkung fehle, wofür überhaupt gelernt werde. Allerdings nutzt er in seiner Praxis durchaus Frontalvorträge, wobei er findet, dass die Vermittlung von Knowhow nicht zu theoretisch, abstrakt und wissenschaftlich sein dürfe:

> „und die sprechen 'ne Sprache, die ist nicht eingängig, nicht zu-
> gänglich. Und das ist oft so geglättet, auch, also, so in sich zum
> Teil widerspruchsfrei und gerade Widersprüche sind für mich
> ein Anreiz, was zu machen." (Z. 65 ff.).

Diesen Ansatz begründet Manni mit einem – in seinen Erzählungen häufig auftauchenden – konstatierten Dualismus zwischen Theorie und Praxis (z.B.: Z. 64 f., Z. 108 ff., Z. 115 f., Z. 151 f.). Manni vermittelt uns hier sehr stark das Profil eines Praktikers, das er als Leitbild auch seinen Kurs-Teilnehmer*innen vermitteln möchte: „Macht einfach!" (Z. 174). Manni sieht sich als Lernbegleiter, der Lernende ermutigen will, selbst Erfahrungen zu machen und Entscheidungen zu treffen (u.a. Z. 173 ff.). Er spricht in diesem Zusammenhang von „Selbstermächtigung" (Z. 729).

> „Es gibt 'ne totale Vielfalt und ich muss mich jetzt entscheiden
> und was spricht jetzt am meisten an und was ist am glaubwür-
> digsten oder so was." (Z. 731 f.).

Dabei kritisiert Manni herkömmliche Bildungsangebote für ihre - aus seiner Sicht - einseitige Fokussierung auf theoretische Inhalte. Diese Kritik wirkt bisweilen stark verallgemeinernd und wirkt eher wie eine Strategie zur eigenen Abgrenzung als eine tatsächliche Auseinandersetzung. Tatsächlich realisiert Manni in seinen Kursen auch Frontalunterricht, d.h. er hält Vorträge und stellt theoretischen Input bereit. Für Manni sind Literatur, frontale Wissensvermittlung und digitale Medien aber eher „methodisch unterstützend" (Z. 155), während die Hauptmethode ist, „den Leuten Mut zu machen: Macht es!" (Z. 156 f.). Daher nimmt die Praxis – also das Erproben im Lehm- und Strohbau – einen großen Teil der Kurse ein.

Manni hat die Erfahrung gemacht, dass die Teilnehmenden in seinen Kursen gerne „Erfahrungsberichte" hören wollen (Z. 321 f. u. Z. 554 ff.). Diese kann er liefern, denn er verfügt über Baustellenerfahrung - und in der Tat sieht er sich sehr stark als Praktiker, der im Rahmen von Weiterbildungen seine Erfahrungen mit anderen teilt (Z. 81 f. u. Z. 674 ff.). Das Teilen von Wissen ist ein zentraler Moment in Manni´s Erzählung. Er unterscheidet dabei zwischen theoretischem Wissen: „des kann man studieren das ist zwar auch nicht unwichtig, aber das ist eine andere Qualität" (Z. 613 f.) und praktischem – im Sinne von erfahrenem oder erfahrbaren – Wissen:

> „Wissen hat auch was mit Erfahrung, Biografie und Lebensdauer zu tun, so, ne, also wirkliches Wissen aus dem Leben" (Z. 611 f.).

Dieses „wirkliche Wissen" aus seinem Leben möchte Manni mit den Teilnehmenden in seinen Kursen teilen und weitergeben. Gleichzeitig möchte er die Teilnehmenden ermutigen auch ihr erlebtes Wissen und ihre Erfahrungen mit den anderen zu teilen (Z. 384 f.). Manni sieht sich dabei als Anleiter und Lernbegleiter (Z. 158).

Reflexion

Das Interview mit Manni warf in der Auswertung im Projekt-Team die Frage auf, wo Weiterbildner*innen, die digital gestützte Lernsettings umsetzen wollen, das lernen können. Durch eine allgemeine Schulung zum Einsatz digitaler Medien, so unsere Einschätzung, bliebe ein diffuser methodischer Ansatz vermutlich unangetastet. Vielversprechender erscheint uns ein längerfristiger pädagogischer Dialog mit anderen Interessierten, eine Art didaktische Introspektion, die Erfahrungen, Reflexionen zum Menschenbild, methodische Überlegungen miteinander verknüpft und die Entwicklung einer pädagogischen Sprachfähigkeit fördert. Eine solche Community findet sich, wie wir durch das Interview mit Lisa (Fallvignette 10) erkannten, z.B. bei Twitter.

Literatur

Park, Enno (2016). Einfach abschalten. In: Jungle World Nr. 48, 1. Dezember 2016, URL: http://jungle-world.com/artikel/2016/48/55303.htm

Fallvignette 6: Hartmut – „Was man sehr schnell gemerkt hat, ist, [...] dass es nicht reicht, dass man die Kamera draufhält und einen [...] Dozenten filmt"

Hintergrund

Hartmut ist Bildungsmanager bei einem Start-Up, das Unternehmen mediengestützte Lerninhalte für die berufliche Weiterbildung anbietet. Das Start-Up versteht sich als innovatives Pendant zu einem klassischen Print-Verlag (Z. 782 ff.); der Fokus liegt darin, neue Formen der Darstellung zu entwickeln, um „für Inhalte die beste Umgebung zu schaffen" (Zeile 159 f.). Thematische Schwerpunkte sind Kommunikation, Software, Arbeits- und Gesundheitsschutz und die Weiterbildung von Führungskräften (Zeilen 390 ff.). Es gibt verschiedene Lizenzmodelle mit unterschiedlichem Leistungsspektrum: In der umfangreichsten Version können individuelle Lernpfade erstellt, Präsenzveranstaltungen und Webinare eingebunden werden; es kann zudem eine Einbindung in das eigene Learning Management System erfolgen. Darüber hinaus können Unternehmen auch maßgeschneiderte Lerneinheiten in Auftrag geben (Zeilen 66 ff.). Innerhalb der Unternehmen werden die mediengestützten Inhalte – je nach Lizenz - den Mitarbeitenden u.a. als Flatrate zum selber lernen oder in Kombination mit Präsenztrainings, die von betrieblichen Weiterbildner*innen geleitet werden, angeboten. Das Start-Up bietet auch ein Training für solche betrieblichen Trainer*innen an (Zeile 102 f.).

Einsatz digitaler Medien zum Selbstorganisierten Lernen

Digitalisierung als Rahmen - Rahmen der Digitalisierung

In Hartmuts Erzählung wird deutlich, dass Digitalisierung nicht nur ein methodischer Zugang, sondern eine gesellschaftliche Variable ist, die Arbeit wie auch berufliche Weiterbildung prägt:

„Die Digitalisierung oder digitale Transformation ist in den Unternehmen angekommen. Es gibt da Zielvorgaben, dass von bisher ca. 90 - 100% Präsenztrainings umgestellt werden muss in den nächsten Jahren auf ca. 50%, also um 50% reduzieren oder das digitale Lernen um 50% zu erhöhen und die Zielvorgaben sind zwischen 50% und 70% digital" (Zeilen 80 ff.).

Als Begründung für diesen Wandel benennt Hartmut das Streben nach Effizienz - in ökonomischer Hinsicht, aber auch bezogen auf die Psychologie des Lernens (Zeilen 85 ff.). So könnten Mitarbeiter*innen an unterschiedlicher Dependancen des Unternehmens gleichzeitig (213 ff.) und neu Eingestellte gleichbleibend hochwertig eingearbeitet werden (404 ff.). Zeitlich flexibles Lernen sei in lernpsychologischer Hinsicht zudem sinnvoll, weil der „Moment of Need" (Z. 369), das Erleben eines Wissens-Bedarfes, der wichtigste Motivator für Wissens- und Kompetenzerwerb sei (Zeilen 341 ff.).

Technologien, die zunehmend lerner*innenfreundlich und professionell gestaltet werden, sind für Hartmut wichtige Treiber von e-Learning in der beruflichen Weiterbildung. Weil digitale Medien für viele Menschen Bestandteil alltäglicher Kommunikation sind, steigen dabei die Erwartungen an die Qualität und Funktionalität digitaler Lernumgebungen (Zeilen 188 ff.). Die - selten schon gut gelöste - Aufgabe von Unternehmen sei es, so Hartmut, Rahmenbedingungen zu gestalten, unter denen berufliche Weiterbildung am Arbeitsplatz stattfinden kann. Das schließt die Anrechnung von Lernzeit als Arbeitszeit ebenso ein wie die Bereitstellung einer guten Internetverbindung, Beseitigung von Barrieren sowie die Schaffung ruhiger Lernorte (Zeilen 197 ff.). Die Digitalisierung beruflicher Weiterbildung bringe dabei auch gravierende Veränderungen für Trainer*innen: sie müssten sich zu einer Lernbegleitung oder einem Community Management wandeln, was v.a. den Älteren schwerfalle (Zeilen 104 ff.). Das Internet als Werbemedium sieht Hartmut einerseits als Risiko, von Konkurrent*innen kopiert zu werden, andererseits als große Chance zur Anwerbung neuer Kund*innen (Zeilen 574 ff.).

Didaktik der Digitalisierung

In Hinblick auf das Format sieht Hartmut die Aufteilung in Mikro-Lerneinheiten, die in wenigen Minuten bearbeitet werden können, als grundlegende Voraussetzung für die Implementierung digitaler beruflicher Weiterbildung. Das Start-Up, in dem er arbeitet, reflektiert wissenschaftliche Lerntheorien (Konstruktivismus, Behaviorismus, Kognitivismus) ebenso wie Erfolgsfaktoren anderer Bildungsangebote (MOOCs, Khan Academy), um genau zu eruieren, welche Darstellungsformen für welche pädagogischen Zwecke zielführend sind:

> „Was man sehr schnell gemerkt hat, ist [...] dass es nicht reicht, dass man die Kamera draufhält und einen [...] Dozenten filmt, des funktioniert nachher in der Online-Version nicht mehr, obwohl es fast das gleiche ist, aber eben nur fast. Und es hat sich gezeigt, dass, wenn man Online-Medien herstellt, dass man dieses Medium verstehen muss und konzentriert auf dieses Medium hin auch produzieren muss" (Zeilen 330 ff.).

> „Also wir versuchen eigentlich ganz nah an das Lernen, an klassische Lernsituationen zu kommen. Jemand zeigt jemand, wie es geht. Oder Älterer zeigt Jüngerem wie es geht oder meinetwegen umgekehrt. Und die Tafel hatte ja da lange gute Dienste geleistet, nicht unbedingt der Frontal-Unterricht, aber die Tafel, weil sie das eben ermöglicht hat: Die ist erst weiß und dann kann ich nach und nach Punkte auf die Tafel bringen, also jetzt nicht im übertragenen Sinn, und sie nach und nach verbinden" (Zeilen 607 ff.).

Hartmuts Zugang zur Didaktik ist dabei geprägt von der Beachtung empirisch belegbarer Wirkungen. In diesem Sinne kritisiert er z.B. das Dogma eines social learning:

„Mir geht es oder uns geht es da weniger um richtig und falsch, sondern wie wird denn eigentlich gelernt. [...] Eindruck und Erfahrung von dem, was wir machen, ist, dass die Leute schon diese Online-Medien, wenn sie gut gemacht sind, sehr sehr gerne nutzen. Aber sie haben jetzt nicht einen direkten Bedarf, das dann auch zu teilen und jemand anderem noch zu helfen oder Social Learning zu betreiben, was immer das ist. Das sehe ich [...] eher gewünscht von bestimmten Leuten als tatsächlich praktiziert. Ich mein‘, in der Regel habe ich einen Wissensbedarf, will entdecken und dann ist auch gut" (Zeilen 883 ff.).

Als Vorzüge des Lernangebotes seines Start-Ups im Vergleich zu frei im Internet verfügbaren Materialien stellt Hartmut die hohe Qualität, den beruflichen Bezug und die gute Auffindbarkeit heraus (Zeilen 375 ff.). Obwohl sein Start-Up Bildungsangebote macht, die v.a. online und selbstorganisiert wirksam werden sollen, sieht Hartmut Blended Learning als idealen Ansatz. So könne Wissensaufbau digital erfolgen, für Feedback und Übungen sei Zeit in Präsenzphasen (Zeilen 90 ff.).

Pädagogisches Selbstverständnis

Hartmuts Selbstverständnis ist stark empirisch orientiert: zu reflektieren, welche Angebote angenommen werden und wie sie wirken ist ihm wichtiger als eine bestimmte Denkrichtung. In diesem Sinne nimmt er als Anbieter eines innovativen Bildungsansatzes nicht nur zur Kenntnis, wo internetgestütztes Lernen gut funktioniert, sondern beschreibt im Interview betriebliche Rahmenbedingungen, die digitales berufliches Lernen verhindern. Dieses Wissen könnte ihm zur Beratung von Unternehmen dienen. Allerdings wird an einigen Stellen im Interview deutlich, dass auch Betriebe, die das Lernangebot des Start-Ups nutzen, dadurch keineswegs in einen pädagogischen Dialog mit dem Anbieter treten. Vielmehr hat Hartmut den Eindruck, dass Unternehmen in Bezug auf ihre Lernkultur eher verschlossen bleiben:

„wir haben unser System einigen Unternehmen zur Verfügung gestellt, kostenlos mit genau der Maßgabe, nachher erforschen zu dürfen, was damit passiert ist. Aber das ist auch immer ein bisschen heikel, also Unternehmenspolitik, da will einen auch niemand so wirklich reingucken lassen" (Z. 846 ff.).

Durch diese Einschränkung fehlt dem Start-Up eine zentrale Rückkopplung, die für die Weiterentwicklung des Angebotes hilfreich wäre.

Hartmut reflektiert im Interview oft über die Zielgruppen der Weiterbildung und kritisiert die Art, wie Unternehmen Mitarbeiter*innen zur Weiterbildung zulassen. Er sieht in der Digitalisierung eine Chance, Weiterbildung mehr Menschen zugänglich zu machen, sie zu demokratisieren (Z. 1029):

„Es ist in einigen Unternehmen so: [...] ne Weiterbildung ist so eine Art Geschenk, ne, was ja eigentlich völliger Blödsinn ist, entweder man braucht's oder man braucht's nicht. Aber des wirkt wohl ein bisschen so, als [...]Weihnachtsmann-Didaktik. (..) Wenn ich mir jetzt vorstelle, so ein Online-Seminar kostet, was weiß ich, 100 € oder bei uns gibt's ne Flatrate auf alle unsere Kurse für 99 € für ein Jahr für einen Mitarbeiter, dann ist das, das kann man einfach machen, da braucht man jetzt nicht allzu lange drüber nachdenken, das kann ich dann auch den Mitarbeitern zur Verfügung stellen" (Zeilen 1058 ff.).

Der Interviewte sieht v.a. bei Führungskräften starken Bedarf an digitalen Weiterbildungsangeboten, „weil man das sonst auch nirgends lernt" (Zeile 402).

Reflexion

Diese Fallvignette ergänzt die bisherigen Interviews um den Blick eines Bildungsverantwortlichen, der als Unternehmer erfolgreich sein möchte. Viele Rahmenbedingungen beruflichen Lernens im Betrieb sind

dabei genannt worden. Zudem regte Hartmuts Erzählung das Forschungsteam zum Nachdenken über Anlässe des (beruflichen) Lernens
nach. Der Interviewpartner hebt hier den „Moment of Need" (Zeile 369)
als wesentliche Motivation für den Wissens- und Kompetenzerwerb
hervor. Gleichzeitig stellt er mit seinem Start-Up ein umfassendes Lernangebot für Unternehmen zur Verfügung, das dessen Mitarbeiter*innen als Flatrate nutzen können - hier fände also (zumindest potentiell)
auch ein „Lernen aus Überfluss" statt. In der pädagogischen Diskussion
wird einerseits der Bedarf als Auslöser des Lernens gesehen, andererseits kritisiert, dass dann auch „Bulimie-Lernen" stattfinden könnte,
also eine wenig nachhaltige „Bedarfsabdeckung". Holzkamps (1993)
subjektwissenschaftliche Theorie reflektiert das Lernen aus dem Stand-
punkt des Lernsubjektes. Holzkamp unterscheidet zwischen defensiven
Lernzusammenhängen, in denen wir aus äußeren Gründen etwas neu
lernen müssen, und dem expansiven, selbstbestimmten Lernen. Langemeyer (2006) und Straka (1997) geben dabei zu bedenken, dass auch
expansives und selbstbestimmtes Lernen mit Widersprüchen einherge-
hen - insbesondere wenn es um den Umgang mit gesellschaftlichen Anforderungen geht. So kann Lebenslanges Lernen prinzipiell ein Muster
eher defensiven Lernens, aber auch expansiv sein.

Da Hartmut empirisch orientiert ist, wurde in der Auswertung des Interviews auch die Frage thematisiert, ob und wie sein Unternehmen die
Wünsche und Bedürfnisse der Mitarbeiter*innen in den Kunden-Betrie-
ben evaluiert und in die Erstellung der Lernmittel einfließen lässt. Aus
den Aussagen ab Zeile 840 ff. geht hervor, dass die Rückkopplung mit
den Personalabteilungen in den Betrieben eher eindimensional ver-
läuft:

> „über die Personalentwicklung, wenn die Dinge nachkaufen o-
> der so, dann kriegen wir mit, der [Kurs] kam gut an" (Z. 843 f.).

> „immer ein bisschen heikel, also Unternehmenspolitik, da will
> einen auch niemand so wirklich reingucken lassen." (Z. 848 ff.)

Das liegt an der schlechten Erreichbarkeit der mit digitalen Medien lernenden Zielgruppe - anders ist das in analogen Lernarrangements, wo die Dozent*innen eines Bildungsanbieters mit den Lernenden kommunizieren. Hartmuts Start-Up analysiert also vorrangig den Markt für berufliche Weiterbildung, produziert daraufhin Video-Einheiten und vermarktet diese als Produkt für die betriebliche Weiterbildung.

Die Reflexion des Interviews regte uns auch zu einer Einschätzung an, wie innovativ das entwickelte berufliche Weiterbildungsformat sei. Innovationspotential sehen wir im vorliegenden Fall auf drei Ebenen:

- Erstens in dem Bemühen, aktuelle Ergebnisse der Lehr-Lernforschung zur Grundlage der eigenen Bildungspraxis (oder: Produktentwicklung) zu machen, ohne dabei wertfrei zu handeln. Diskursiv entspricht dies dabei dem Versuch, Lernen zu entideologisieren und empirische Erkenntnisse über „funktionierendes Lernen" zur Grundlage von Bildungspraxis zu machen. Weiteres Innovationspotential liegt in der − zukünftig vielleicht möglichen - Auswertung individuellen Lernverhaltens.

- Zweitens: bei der Entwicklung und Umsetzung der so fundierten Lernangebote ist das Start-Up frei von dem Ballast, den andere interviewte Bildungsanbieter*innen mit sich tragen: keine tradierten Strukturen, skeptischen Vorgesetzten, unwilligen Mitarbeiter*innen. Das Start-Up hat eine Idee, setzt sie um und findet dafür Kund*innen − es gibt eine Zielgruppe, die das Format anerkennt. Wichtig dabei ist: das junge Unternehmen bzw. seine Führungskräfte antizipieren in hohem Maße die Innovationen im Bereich digitales Lernen, die vor allem aus den USA kommen, sind aber ein deutsches Unternehmen, das versucht, sich hier am Markt zu etablieren. Das ist für den „Bildungsmarkt Deutschland" wichtig, denn digitale Innovationen kommen ansonsten von außen. So warnen Dräger und Müller-Eiselt (2015, S. 58): „Weil in Deutschland und dem Rest Europas nicht einmal eine Diskussion über diese Möglichkeiten digitaler Bildung richtig in Gang gekommen ist, läuft unser Bildungswesen Gefahr, von amerikanischen Angeboten überrannt und damit digital kolonialisiert zu werden".

- Drittens: auf mikrodidaktischer Ebene geben die von dem Start-Up produzierten Videos einen neuen benchmark vor: der Ansatz „show, don't tell" ist genau das, was die Erklärvideos der Khan-Academy oder auch viele selbstgemachte Erklärvideos auf YouTube so attraktiv macht. Das Start-Up überträgt diesen Ansatz auf das Lernen im kommunikativen Bereich. Das gelingt ihnen durch Szenen, die von professionellen Schauspieler*innen gezeigt werden – das ist aufwändig, aber lehrreich. Innovativ sind dabei auch die Videos, die interaktiv gestaltet sind: d.h. die Lernenden müssen eine Entscheidung treffen, wie das Video weitergehen soll und bekommen dann die Konsequenz dieser Verhaltensentscheidung gezeigt.

Literatur

Dräger, Jörg / Müller-Eiselt, Ralph (2015). Die digitale Bildungsrevolution. Der radikale Wandel des Lernens und wie wir ihn gestalten können. München: DVA.

Hattie, John (2015). Lernen sichtbar machen. Überarbeitete deutschsprachige Ausgabe von „Visible Learning". 3. Aufl. Baltmannsweyler: Schneider Verlag Hohengehren.

Holzkamp, Klaus (1993). Lernen - subjektwissenschaftliche Grundlegung. Frankfurt a.M.: Campus.

Langemeyer, Ines (2006). Contradictions in Expansive Learning: Towards a Critical Analysis of Self-dependent Forms of Learning in Relation to Contemporary Socio-technological Change. In: Forum qualitative social research, Vol 7., Nr. 1. URL: http://www.qualitative-research.net/index.php/fqs/article/view/76#

Straka, G. (1997). Selbstgesteuertes Lernen in der Arbeitswelt. Europäische Zeitschrift für Berufsbildung. Cedefop, 12. Online: http://www.cedefop.europa.eu/etv/Upload/Information*resources/Bookshop/127/12*de*straka.pdf (12.09.2016).

Fallvignette 7: Monique – „es gibt manchmal auch erstaunlich wenig Phantasie bei Leuten, die in dem Bereich arbeiten, was man damit alles anstellen kann"

Hintergrund

Monique ist Bildungsmanagerin in einer staatlich geförderten Weiterbildungsstätte, die Angebote im Bereich beruflicher und politischer Weiterbildung und in der Gesundheitsbildung macht. Die Kurse finden sowohl berufsbegleitend wie auch in Vollzeit statt. Monique ist in der beruflichen Weiterbildung verankert und dort u.a. für das E-Learning verantwortlich, was bedeutet, dass sie das Angebot inhaltlich wie methodisch definiert und z.B. entscheidet, welche Lernsoftware eingesetzt wird (Zeilen 16 ff. und 95 ff.). Darüber hinaus ist die Beratung von Bildungsinteressierten, die E-Learning nutzen möchten, ein wichtiger – selbst gesetzter – Teil ihrer Arbeit.

Lernen und Lehren mit digitalen Medien

Monique berichtet, dass die Bildungseinrichtung E-Learning seit Ende der 90er-Jahre anbiete. Sie habe damals eine besondere Zielgruppe als Anlass genommen, E-Learning zu erproben. Da

> „war die Zielgruppe eigentlich so definiert, dass man sagte, die ganzen armen Frauen, die auf dem Land leben, möglichst noch mit Kindern, und die keine Chance haben, schon keine Verkehrsanbindung, um in die Stadt zu kommen und dann auch noch einen Kurs zu belegen. Dann die Schichtarbeiter [...]. Das war noch ursprünglich der Anlass, Menschen, die - da war ja Präsenzunterricht noch alles so in den 90er Jahren, ne – Menschen, die eben keine Gelegenheit hatten für Präsenzunterricht. Mittlerweile ist ja Präsenzunterricht nicht mehr unbedingt alles, obwohl für einen großen Teil unserer Klientel schon. [...] Heute sind die Zielgruppe die Menschen, die, aus welchen Gründen auch immer, an Präsenzunterricht nicht teilnehmen

können in erster Linie, manchmal auch wollen, aber meistens nicht können" (Zeilen 286 ff.).

Die E-Learning-Angebote des Trägers bestehen im Wesentlichen aus zwei Formaten: Einem Blended Learning-Angebot und einem individuellen Programm, in dem sich einzelne Teilnehmenden mithilfe einer von Drittanbietern eingekauften Software und einer Lernbegleitung Kenntnisse im Umgang mit z.B. einem Office-Programm aneignen (Zeilen 50 ff.). Die Lernzeit ist in beiden Fällen limitiert (84 f.), und es wird ein leistungsgebundenes Teilnahme-Zertifikat vergeben.

Die Weiterbildungseinrichtung nutzt die Lernplattform Ilias, die von Monique vorgeschlagen worden ist:

> „Teilnehmer [nutzen Ilias] als Kommunikations-Plattform untereinander, die Dozenten auch, das tun sie aber, glaub ich, weniger. Aber unter anderem ist das eben auch ein Ablage-Platz für alles Mögliche an Seminar-Unterlagen, die immer wieder gebraucht werden, oder da dann nur leicht angepasst werden müssen und fertig. Außerdem [...] benutzen die Kollegen das meiner Erfahrung nach auch für ganz viel Organisatorisches" (133 ff.).

Abgelegt werden auch – vor allem bei längeren Bildungsangeboten im Blended Learning Format –

> „interessante Links, interessante Literatur, die Dozenten hinterlegen; auch viel, was sie speziell selbst für den Kurs gemacht haben" (175 ff.).

Die Lernmaterialien werden teilweise gezielt genutzt, weil die Teilnehmenden

> „von Anfang an selbst ein Projekt erstellen müssen und das ist nachher auch der Anschluss an die Prüfung, ne, die müssen ihr Projekt präsentieren und verteidigen. Aber dafür brauchen sie natürlich auch Input und Hintergrund" (Zeilen 190 ff.).

Monique sieht die digitale Affinität und Kompetenz der Dozent*innen, aber auch des Bildungsmanagements als zentral für die Nutzung der Plattform für die Weiterbildungsangebote:

> „wie stark und sinnvoll in den einzelnen Seminaren diese Lernplattform genutzt wird, hängt natürlich auch von den aktiven Dozenten ab. [Person X] ist ein sehr internetaffiner und Sonderpädagoge und so weiter, da funktioniert das gut. Es gibt natürlich auch Dozenten, die zum Teil sehr spezielle Themen haben— die man auch braucht, ne— aber die an dieser Sphäre kein Interesse haben und eher so machen" (Zeilen 206 ff.).

> „Das Verhältnis zu solchen Lernformen hängt natürlich auch genauso ab von den verantwortlichen Pädagogen, wie sie hier als Bildungsmanager arbeiten, da herrscht natürlich auch keine einheitliche Meinung. Also da bin ich schon eher die E-Learning-Tante. Aber das ist, glaub ich, ganz normal, das wird bei allen Bildungsanbietern so sein, ne, und es gibt manchmal auch erstaunlich wenig Phantasie bei Leuten, die in dem Bereich arbeiten, was man damit alles anstellen kann. Aber ein Kernstück dabei sind dann eben doch auch— also in meinem Bereich die Tutoren, gut das sind jetzt relativ erfahrene Leute, die haben 'ne Vorstellung davon, wie das sein könnte" (Zeilen 317 ff.).

Monique räumt ein, dass digitale Medien zwar Potential haben, aber auch Aufwand für die Institution wie auch für die Lehrenden bedeuten:

> „Und dann wird es natürlich auch gerne wahrgenommen als etwas, was erstmal mehr Arbeit macht. Das kann man ja auch nicht ganz weg reden, das muss man auch zugeben und von daher ist das in dem Bereich, soweit ich es bei meinen Kollegen wahrnehme, durchaus gemischt. Was also auch die Nutzung und den Grad der Nutzung und die Qualität der Nutzung unserer Lernplattform, die sehr viel kann, angeht" (331 ff.).

Die Weiterbildungsinstitution nimmt außerdem an einem virtuellen Übungs-Firmenring teil, der es Teilnehmenden in der Umschulung zur Kauffrau für Büromanagement erlaubt, Office-Programme nicht nur mit einer Lernsoftware zu erschließen, sondern auch „quasi das kaufmännische Leben [zu] leben" (Zeilen 509 ff.).

E-Learning im Rückblick

Monique ist seit einigen Jahrzehnten in der Weiterbildung tätig und hat einen guten Überblick über die Entwicklung des E-Learning:

> „Ich hab auch schon alle möglichen Schulungen selbst gemacht, für Dozenten, für alle möglichen digitalen Hilfsmittel, zum Beispiel CoboCards, [...] den iPen [...]. So einen iPen, den kann man im Täschchen mitnehmen, verbindet das Teil mit seinem Notebook und einem Beamer und fertig ist die Laube. [...] Pädagogisches Netzwerk, das ist ne Software, die dann auf allen Rechnern installiert ist und also das Simpelste, was die kann, ist, dass der Dozent seinen Bildschirm, wenn er was zeigt, auf alle Bildschirme werfen [kann]" (Zeilen 341 ff.).

> „Ich habe sehr viel so viel gearbeitet, dass die Teilnehmer selbst etwas rauskriegen mussten. Das kann man schon ganz gut steuern. [...] Ich bin der festen Überzeugung, etwas, was man selbst rausbekommen hat, lernt man viel besser und das verfestigt sich viel besser als irgendwas, was da einer da vorne erzählt und gezeigt hat. [...] Da habe ich zum Beispiel in einer Umschulung nur für Frauen, Kauffrau für Bürokommunikation, gute Erfahrungen mit diesem Pädagogischen Netzwerk gemacht, indem ich sowieso völlig unideologisch Gruppenarbeit gemacht habe, ham sich alle aufgeregt: Gruppenarbeit im EDV Unterricht geht gar nicht —, weil ich wollte, dass die solche Dinge wie das relationale Prinzip selbst rauskriegen. [...] Manch-

mal hatte [...] ein Pärchen vor einem Bildschirm, eine Partner-
arbeit, eine Idee und dann kann man mit dem Pädagogischen
Netzwerk den Bildschirm von diesen beiden auf alle Bildschirme
schmeißen und die können zeigen, was ihre Idee ist. Wieder so,
kein Beamer, so, von dem die Hälfte der Teilnehmer nix lesen
kann, sondern so. Und dann kann man darüber natürlich, also
die können dann ihre gelöste Datei über das PN selbst verteilen
und so, also es gibt unglaublich viele Möglichkeiten, [...] die man
da verwenden kann" (Zeilen 405 ff.).

In einem Projekt hat Monique Selbstlernzentren aufgebaut:

„Ein Selbstlernzentrum, glaub' damals mit 25 Plätzen, immer
ein Tutor anwesend, das war ganz wichtig, und alles getestete
Lernsoftware. Ne, des ist eine ganz wichtige Aufgabe, die ich
mir selbst gestellt habe, nicht irgendwelche Lernsoftware kau-
fen, sondern sie testen, angucken. [...] Ja, dann hatten wir ein
ganz riesiges Angebot von Selbstlernsoftware und da kamen
auch viele Menschen hin [...]. Für das Selbstlernzentrum gab es
dann auch Bildungsgutscheine, es wurde also auch öffentlich
gefördert, das heißt, es war eine Chance für Arbeitssuchende
und auch wieder für viele Frauen, weil das Konzept so war, da
konnte man auch in Teilzeit hingehen. In Prinzip also konnte
man alles so auf sich zuschneiden, wie man´s brauchte, ne. Vom
Umfang her, des hing damit zusammen— was musste man lernen? und auch von der Zeitschiene her, das Selbstlernzentrum
war von 8:00 bis 16:00 Uhr oder so geöffnet, einmal in der Woche haben wir es auch abends geöffnet, für die Berufstätigen,
die ja vielleicht auch was machen mussten" (Zeilen 458 ff.).

Durch veränderte Förderbedingungen und den Verlust der Unterstützung durch Arbeitsagentur und Jobcenter wurden die Selbstlernzentren
eingestellt (Zeilen 456 ff.).

Selbstorganisiertes Lernen

Selbstorganisiertes Lernen ist ebenfalls sowohl im Blended Learning wie auch im individuellen Lernformat vorgesehen. Im Letzteren spielt – neben einer externen Lernsoftware, die von Monique für den Bildungsgang ausgewählt wird - vor allem der Tutor oder die Tutorin eine wichtige Rolle. Dabei handelt es sich um eine Person, die bei Fragen zur Verfügung steht, durch auf die Lernenden zugeschnittene Aufgaben den Lernfortschritt fördert, aber auch eine Kontrollfunktion erfüllt (Zeilen 70 ff.),

> "die also in Prinzip den Lernprozess betreut und auch durchaus auf den Lernerfolg fokussiert ist, weil wir geben ja jemanden, sag mer mal so, die hier irgendeinen Kurs besucht, am Ende auch eine Teilnahmebescheinigung, was er da gemacht hat, und das möchten wir unseren E-Learnern natürlich auch geben, das müssen wir aber irgendwie absichern. [...] [Nur wenn] uns der Tutor oder die Tutorin bescheinigt: ja, hat mindestens 65% der von mir zur Verfügung gestellten Aufgaben erfolgreich bearbeitet, gibt's ne Teilnahme-Bescheinigung. Sonst nicht" (85 ff.).

Die Tutorinnen und Tutoren kommunizieren durch ein Messenger-System bei Ilias mit den Lernenden. Dadurch entsteht nicht nur asynchrone, sondern zuweilen auch fragmentierte Kommunikation. Monique betont daher, dass die Lernbegleitung sehr kompetent sein muss:

> „es gibt immer Zusammenhang zwischen dem jeweiligen Fachgebiet und man kann niemanden nehmen, der nicht schon reichlich Erfahrung hat als Dozent. Denn es ist schon schwer genug für Tutoren, sich in diese völlig andere Rolle rein zu versetzen" (Zeilen 624 ff.).

Das individuelle Lernformat bietet für Lernende einen zentralen Vorteil:

„sie können dann anfangen, wenn sie es brauchen, sie müssen
nicht auf irgendeinen Kursbeginn warten, des ist ja völlig indivi-
dualisiert" (Zeilen 225 ff.).

Inhaltlich können Office-Versionen angeboten werden, die schon älter
sind und daher nicht mehr oft nachgefragt werden. Darüber hinaus konstatiert Monique:

„Also manche finden es einfach schick, so zu lernen. Manche
[...] können sich das gar nicht vorstellen, wie das geht. Dann er-
zähle ich das sehr ausführlich [...], führe unglaublich ausführliche Beratungsgespräche, das kommt mir dann auch immer ent-
gegen vom Gegenüber: danke für die ausführliche Beratung!
Aber ich mache das lieber so, weil [...] meistens ist es so ein In-
teressent, der hat null Erfahrung mit dieser Lernform — also
muss man das schon ausführlichst beraten und auch erklären,
wie man sich das so vorstellen kann, wie das so gehen kann"
(Zeilen 243 ff.).

„[E-Learning] ist eine einsame Lernform, [...] aber der Vorteil ist,
ich steuer' das ganz alleine, wann ich lerne, ich richte das ein
nach meiner persönlichen zeitlichen Situation. Ich rate den Teilnehmern, den potenziellen, auch immer sich wirklich mal 10
Minuten hinzusetzen, so den Alltag anzugucken und zu überlegen, was wären denn eigentlich so Zeiten, wo ich gut lernen
kann? Weil man muss sich schon ein Raster, eine Struktur ein
bisschen schaffen, sonst klappt das nicht. Dann denkt man: ach
ja, heute keine Lust, ich kann ja auch morgen und morgen ist
wieder was anderes und. Das erleben wir natürlich alles mit unseren Teilnehmern, deswegen liegt mir das immer sehr am Her-
zen, und ich kann's ja nicht befehlen, ich kann ihnen nur raten,
machen Sie sich so einen Plan. Ich sag' ihnen auch immer, nicht
[...] die ganz große Aktion am Wochenende zählt, sondern die

Regelmäßigkeit und das können ruhig kleinere Häppchen sein" (Zeilen 551 ff.).

Monique erläutert also nicht nur, wie sich der Bildungsanbieter im Bereich E-Learning aufstellt, sondern gibt den Teilnehmenden Hinweise zum selbstorganisierten Lernen - dazu gehört v.a. die Anregung, bewusst zu überlegen, wann und wo sie sich Lernräume schaffen können. Zu dieser pädagogischen Beratung kommt oft eine Fachliche über verschiedene Versionen des zu lernenden Office-Programms hinzu.

Pädagogisches Selbstverständnis

Moniques pädagogisches Selbstverständnis ist durch die Bereitschaft geprägt, Neues auszuprobieren und daraus – in ihrer jetzigen Position – Steuerungswissen abzuleiten. So erklärte sie in Bezug auf die notwendigen Kompetenzen der Tutor*innen:

> „Denn es ist schon schwer genug für Tutoren, sich in diese völlig andere Rolle rein zu versetzen. Damit ich das besser beurteilen kann habe ich selber auch als Tutorin gearbeitet, ja, ich musste das unbedingt wissen, wie das ist und wie das geht und was man bedenken muss und was man für Erfahrungen macht" (Zeilen 624 ff.).

In diesem Sinne testet sie seit Jahren Lernsoftware, die zum Einsatz in der Weiterbildung kommen soll, selbst (Zeilen 449 ff.), und lernt auch für sich mit dieser Software:

> „Heutzutage bin ich schon sehr beeindruckt, was Lernsoftware kann. Ich lerne im Selbstversuch jetzt gerade Englisch mit der Lernsoftware, die wir auch einsetzten in unserem E-Learning Angebot. Ich kann mich noch an frühere Zeiten erinnern, das ist einfach… Ja, die Technik macht einfach vieles möglich, das ist so" (Zeilen 453 ff.).

Monique ist Anhängerin von kollaborativen und explorativen Lehr-Lern-Arrangements:

> „Ich bin der festen Überzeugung, etwas, was man selbst rausbekommen hat, lernt man viel besser und das verfestigt sich viel besser als irgendwas, was da einer da vorne erzählt und gezeigt hat." (Z. 405 ff., s. auch oben).

Mit ihrem Knowhow über digitale Medien kennt sie auch Mittel und Wege, diesen Ansatz in online- oder Blended Learning-Arrangements umzusetzen. Bei der Auswahl von Lernsettings zieht sie in Betracht, dass diese in ein soziales Umfeld eingebettet sind, das von den Lernenden, Lehrenden, Arbeits- und Förderbedingungen geprägt wird.

Reflexion

Monique ist eine technik-affine, innovationsoffene Weiterbildungspraktikerin und zugleich Expertin im Bildungsmanagement. Für den Bereich des Lernens mit digitalen Medien kann sie sicher zu dem Pionier*innen gezählt werden, die schon weit vor dem heutigen Hype um digitale Medien verschiedene Technologien und Ansätze im E-Learning mit verschiedenen Zielgruppen erprobt haben. In der Auswertung des vorliegenden Interviews wurde besonders deutlich, wie wertvoll die Perspektive einer Person ist, die schon seit Jahrzehnten die Entwicklung des E-Learning begleitet und reflektiert.

Spannend war auch an diesem Fall nachzuvollziehen, wie eine innovative Person eine Bildungsinstitution und auch die Lernenden beeinflusst, um den Einsatz digitaler Medien sinnvoll zu machen. Die Qualität der verwendeten Software und Plattform auf der einen Seite, umfassende Beratung der Interessierten auf der anderen Seite sind hier zentrale Elemente. Ebenfalls wägte Monique ab, dass bestimmte Kolleg*innen wie auch manche Lernende für E-Learning nicht zu begeistern sind. Dieses Beispiel zeigt, dass das Vorliegen tragfähiger Konzepte zum Lernen mit Digitalen Medien nicht unbedingt dazu führt, dass eine Einrichtung bei der Einführung solcher Innovationen vorneweg geht. In Moniques eigener Herangehensweise an die Einführung neuer Software oder anderer Innovationen ist das Grundprinzip erkennbar, zu testen, bevor man etwas in der Breite auf den Markt bringt. Das ist aus Sicht der Projektteams ein Kern didaktischer Arbeit, gerade mit Blick auf die Einführung von Innovationen.

Literatur

Howaldt, Jürgen & Jacobsen, Heike (2010). Soziale Innovation. Auf dem Weg zu einem postindustriellen Innovationsparadigma. Wiesbaden: VS.

Fallvignette 8: Edwin und Eva - „die Motivationslage ist hier die Grundthematik"

Hintergrund

Eva und Edwin arbeiten zusammen und wurden daher in einem gemeinsamen Interview zu ihrer Weiterbildungs-Expertise im Bereich Transport und Logistik befragt. Eva entwickelt in Projekten digitale Anwendungen für die Logistik und versucht politischen Einfluss auf bereichsbezogene Richtlinien zu nehmen; Edwin unterstützt die Entwicklung in diesen Projekten und ist als Weiterbildner tätig (Z. 11 ff.). Er übernimmt dabei sowohl Weiterbildungen nach dem Berufskraftfahrer-Qualifikationsgesetz (BKrFQG), als auch kundenspezifische Trainings z.B. zur Ladungssicherung (Z. 30 ff.).

Rahmen der Weiterbildung in Transport und Logistik als Barriere Selbstorganisierten Lernens

Einen wichtigen Rahmen für die Arbeit von Eva und Edwin bildet das 2009 in Kraft getretene Berufskraftfahrer-Qualifikationsgesetz (BKrFQG). Es

> „regelt, dass jeder Berufskraftfahrer innerhalb von fünf Jahren 35 Stunden Weiterbildung machen muss. Und das über sein gesamtes Berufsleben hinweg, das [ist] sozusagen die Lizenz dafür, weiter in dem Beruf arbeiten zu dürfen. Und das Gesetz regelt auch, welche Inhalte zu vermitteln sind, also ganz massiv Input-orientiert, und das beschränkt alles auch auf Klassenraum-Lernen, also es sind keine anderen Lern-Formen erlaubt" (Zeilen 55 ff.).

Die Befragten kritisieren diese Regelung, die sie in schwerfälligen Entscheidungsfindungsprozessen und Kontrollvorstellungen auf EU-Ebene begründet sehen, mit Verweis darauf, dass „Absitzen" von Zeiten nicht lernförderlich sei (Z. 89 ff.). Auf EU-Ebene gab es hierzu entsprechenden Reformwillen:

„Es war so: vor, glaub' ich mal, zwei Jahren, gab es ne Konsulta-
tion dazu. [...] Hat man dann auch ne Evaluation von dieser
Richtlinie gemacht, bei der alles darauf hindeutet, dass es hier
zum Beispiel die Öffnung zum E-Learning geben muss, dass die
Themen-Bereiche nicht mehr derartig stark eingegrenzt werden dürfen, und so weiter. [...] Alles, was wir da [in unserem
Forschungsprojekt] gefunden haben, haben [sie] in Prinzip auch
gefunden. Und [...] vor zwei Jahren sah auch tatsächlich alles so
aus, dass tatsächlich ne Änderung kommen würde" (Z. 102 ff.).

Zu der gewünschten Änderung kam es schließlich nicht. Eva mutmaßt,
dass u.a. die deutschen Industrie- und Handelskammern (IHKs) davon
überzeugt seien, dass nur durch Präsenz-veranstaltungen kontrolliert
werden könne, dass die Berufskraftfahrenden sich weiterbilden (Z. 115
ff.). Als Alternative schlägt sie vor, über Tests nachzudenken, die im
Sinne einer Bedarfserhebung feststellen, ob eine Fahrerin oder ein Fahrer überhaupt Defizite hat, die mit einer Weiterbildung zu beheben wären, und in welchem Themenbereich diese verortet sind (Z. 453 ff.) –
allerdings:

„ich hab das einmal angesprochen mit einem der EU-Leute von
der Europäischen Kommission, und die können mit dem Konzept nichts anfangen" (576 f.).

Zum pädagogischen Unterschied zwischen der gesetzlich verordneten
und einer freien fachlichen Weiterbildung erklärt Edwin:

„Aber das Ganze ist dann im Unterschied zu den Modul-Schu-
lungen, dass es auf freiwilliger Basis gemacht wird und da ist
dann bei den Teilnehmern auch die Motivation ganz anders,
dass diese was wollen, dass die da was lernen wollen, das wissen sie für sich. Und bei den staatlich verordneten Weiterbildungen ist es für den Teilnehmer dann auch so: wir müssen
jetzt hier unsere 5x7 Zeitstunden absitzen und das Ganze größtenteils so angelegt, die Inhalte auch, dass da nichts Neues dazu

kommt. Wo dann auch der Teilnehmer sagt: ja, was bringt denn das Ganze, das wusste ich ja eigentlich schon vorher alles, was da vermittelt wird" (Z. 140 ff.).

Zusätzlich zur Weiterbildungs-Pflicht tritt im BKrFQG aus Sicht von Edwin also das Problem auf, dass die Teilnehmenden nichts Neues lernen: Die Inhalte orientieren sich nicht an den Bedürfnissen der Zielgruppe, sondern werden von dem Verein Deutscher Ingenieure (VDI) determiniert, weil dieser auch die dem Lerninhalt zugrundeliegenden technischen Standards, z.B. zur Ladungssicherung, bestimmt (Z. 151 ff.). Es wird also technisch, nicht pädagogisch reguliert, welche Inhalte verpflichtend sind und in welcher Form sich die Betroffenen damit auseinandersetzen müssen.

Die Befragten elaborieren, dass auch an den freien Weiterbildungen nicht immer nur Freiwillige teilnehmen – es könne hier auch äußerer Zwang z.B. durch Arbeitgeber, deren Vertragspartner oder Versicherungen ausgeübt werden (Z. 215 ff.). Allerdings gebe es hier mehr Freiheit in der inhaltlichen und zeitlichen Gestaltung, so dass die Teilnehmenden je nach individueller Expertise und mit Bezug zu ihrer konkreten Tätigkeit angesprochen werden könnten (Z. 34 ff., 256 ff., 303 ff.). Dieser Zuschnitt auf den Einzelfall setzt mehr fachliche und pädagogische Expertise der Weiterbildenden voraus als das standardisierte Programm im Rahmen des BKrFQG (Z. 264 ff., 435 ff.). Die größte Fachkompetenz haben aus Sicht von Eva Personen,

> „die aus dem Beruf kommen, aber gerade im Bereich der Berufskraftfahrer ist das ein riesengroßes Problem, weil die Leute es sich selber gar nicht zutrauen, dass das ein Weg für sie wäre und weil auch der Weg dorthin furchtbar beschwerlich ist. […] Edwin hat den Meister gemacht, das war aber de facto nur möglich, indem er wirklich gesagt hat, er steigt aus seinem Beruf aktiv aus, geht also volles Risiko, macht den Meister, also den Kraftverkehrsmeister, und […] geht dann in den Trainingsbereich. Das heißt, man muss 100% Risiko gehen und das ist für

die wenigsten möglich, weil […] nebenbei den Meister zu machen, in Abendkursen und so weiter, ist für diese Berufsgruppe nicht machbar aufgrund der Arbeitszeiten" (853 ff.).

Ein besonderer Vorteil der freien Schulungen besteht aus Sicht von Eva darin, dass sie berufsgruppenübergreifend stattfinden:

„[…] weil, wo die Konflikte […] auftreten, ist ja meistens in der Reibung zwischen den unterschiedlichen Berufsgruppen, des heißt, dass ein Disponent einfach nicht den gleichen Blickwinkel hat wie der Fahrer und der im Lager hat auch wieder nicht den gleichen Blickwinkel wie der Disponent oder wie der Fahrer. Und gerade dieser Austausch macht natürlich dann diese heterogene Gruppe sehr fruchtbar im Sinne von, dass man mal sagt: […] hallo, ihr müsst bitte aber auch mal schauen, dass ihr auf unsere Reifen besser achtet oder da drauf halt mal Luftdruck achtet, damit Eco-Drive hier umgesetzt werden kann" (268 ff.).

Durch den Austausch unterschiedlicher Expertisen wiederum werden, so Edwin, selbstorganisierte Lernprozesse der Gruppe angestoßen:

„Je mehr Blickwinkel in einer Gruppe sind, umso einfacher ist es eigentlich dann zum Schluss auch wieder für den Dozenten, weil da spielen sich die Teilnehmer größtenteils selber den Ball zu, so dass man das Ganze nur noch, ja, moderieren muss, mal ein paar Tipps in 'ne Richtung geben muss, und das Ganze wird so ein Selbstläufer" (Z. 289 ff.).

Solche Lerngruppen seien auch hilfreich, um die Lernbarrieren mancher Fahrenden ins Wanken zu bringen:

„Den Berufskraftfahrern wird nicht viel zugetraut, aber es gibt dann auch sehr viele Fälle von Berufskraftfahrern, wo das Ganze an 'ne grenzenlose Überschätzung geht, wo sie dann sagen: ich fahre schon zwanzig Jahre, ich kann alles, was wollt ihr mir hier überhaupt beibringen? Oder: ich bin Berufskraftfahrer, ich bin die Lösung für alle weltlichen Probleme" (Z. 880 ff.).

Einsatz digitaler Medien

Im Lernen mit digitalen Medien erkennen die Interviewten eine wünschenswerte – von den sich Weiterbildenden stärker selbst organisierbare – Alternative zur bisherigen Praxis des BKrFQG. Alle Module im Sinne des BKrFQG haben Eva und Edwin in einer Projektreihe als digitales Lernmaterial umgesetzt:

> „Also das ist existent, wir können's halt dummerweise nicht benutzen, einfach mal, weil's [...] der Rahmen entsprechend nicht hergibt. Es ist allerdings auch im Berufskraftfahrer- Umfeld, gerade wenn es um Sicherheitsaspekte geht, durchaus auch E-Learning Material da, was von uns zur Verfügung gestellt wird, an alle auch, außerhalb des reglementierten Bereichs" (344 ff.).

Im Rahmen von Projekten erarbeiteten Edwin und Eva neben den Inhalten auch methodische Ansätze zur innovativen Gestaltung eines adressatengerechten E-Learning und führen dies auch fort – ein zentraler Punkt ist hier die Anknüpfung an Arbeitsprozesse (Z. 350 ff.). Denn obwohl der formale Rahmen zur Anerkennung des E-Learning (noch) fehlt, sei die Resonanz von Testpersonen auf die Lernmaterialien gut – auch in einem ähnlichen Projekt eines anderen Konsortiums (Z. 363 ff., 898 ff.). Als Vorteil digitaler Medien insgesamt sehen Eva und Edwin – neben der Flexibilisierung von Lernzeit und –ort - die Möglichkeit der Adaptation an individuelle Expertise und Arbeitsbereiche der sich weiterbildenden Fachkräfte: so könnten z.B. passgenaue Lerngruppen gebildet werden (Z. 478 ff.). Sie plädieren dafür, dass es den Fachkräften offenstehen sollte, in Präsenzseminaren oder selbstorganisiert digital zu lernen (Z. 467 ff.). Viele Fahrer*innen seien

> „absolut vernetzt [...] mit ihrem Smartphones und auf Facebook unterwegs, und das ist überhaupt kein Problem für die, da unterwegs auf alles zuzugreifen" (Z. 777 ff.).

So fände auch Kommunikation über WhatsApp statt, z.B. um sich über Polizeikontrollen und andere organisatorische Themen zu verständigen, aber auch im Sinne eines fachlichen Austausches (Z. 784 ff.). Diese Art zu lernen werde aber weder von den Fachkräften noch von Gesetzgebenden als Lernen anerkannt (Z. 899 ff.).

Die Befragten sehen neben gesetzlichen Rahmen eher die Weiterbildner*innen als schwierige Akteure im E-Learning: so trauten Trainer*innen – ebenso wie Arbeitgeber*innen – Fachkräften aus Transport und Logistik digital gestütztes Lernen oft nicht zu (Z. 426 ff., 745 ff.), vielen Weiterbildenden wiederum fehle Medienkompetenz wie auch die Bereitschaft, sich auf innovative digitale Lehr-Lernformen einzulassen (Z. 447 ff.). Das digitale Weiterbildungsangebot von Eva und Edwin ist darüber hinaus auf das individuelle Lernen hin konzipiert, was wiederum ein hohes fachliches und pädagogisches Niveau des Trainers bzw. der Trainerin voraussetzt (Z. 433 ff. und s.o.). Hier finden sind die Befragten in ihrer Haltung der Bildungsmanagerin Monique (Fallvignette 7) sehr nahe.

Kritisch reflektiert Eva, dass es – auch im Bereich Transport und Logistik – neben den guten Ansätzen auch viele Beispiele schlechten E-Learnings gäbe, die allerdings von den Verantwortlichen auf nationaler und EU-Ebene nicht als problematisch erkannt würden (Z. 598 ff.).

> „Und dann fragen sie mich doch tatsächlich: ja, […] muss man da vielleicht einen anderen Begriff als E-Learning benutzen, damit man diese Probleme mit der Qualität umgeht? Was soll ich da drauf antworten?" (Z. 613 ff.).

Nach einem Beispiel für schlechte Konzepte digital gestützter beruflicher Weiterbildung gefragt, erklärt Eva:

> „Schlechtes E-Learning ist zum Beispiel, jetzt komm ich schon mit so nem holländischen Beispiel, wenn ich eine Aufnahme von jemanden mache, der ein Buch liest, und das Ganze dann als Online-Lecture verkaufe" (621 ff.).

Im Gegensatz dazu steht das von ihr und Edwin entwickelte Modell:
"Es gibt eine Lernplattform, auf der werden Lerninhalte hinter-
legt. [...] Man macht was zum Thema Ladungssicherung. Okay,
da kommt man hin, macht einen ersten Stich mit dem Coach,
das kann online oder auch direkt erfolgen, da werden dann alle
Lernziele festgelegt, gemeinsam. Dann gibt es 'ne Lernkarte, in
der lernt der Lernende dann mit dem Online-Material und bekommt allerdings auch Aufgaben gestellt, die er dann in seiner
Arbeitspraxis umzusetzen hat und reflektiert diese. Reflektiert
da dann virtuell zurück auch mit seinem Coach und am Ende
wird nochmal Auswertungsgespräch mit dem Coach gemacht,
wo dann geschaut wird: okay, wurden die Lernziele erreicht?"
(Z. 655 ff.).

Interaktivität, individuelle Betreuung und Arbeitsplatzbezug stehen in
diesem Konzept von E-Learning also im Vordergrund. Herausfordernd
sind an diesem Modell u.a. die Koordination der Verfügbarkeit des Coa-
ches und die Freiräume der Fachkraft, das Lernen im Arbeitsprozess
umzusetzen (679 ff.). An dieser Stelle stellt sich auch die Frage, welche
Verantwortung die Arbeitgeber für das Lernen der Angestellten über-
nehmen – dies sei z.B. in Bezug auf das BKrFQG ungeklärt und werde
individuell geregelt (708 ff.). Alles in allem sei Motivation – der Arbeit-
gebenden, der gesetzlich Verantwortlichen und der Lernenden - der
Schlüssel:
"Von der puren Fähigkeit her wäre es, glaube ich, nicht das
Problem; die Motivationslage ist hier die Grundthematik. Wenn
man es schafft, ihnen damit zum Beispiel die Möglichkeit zu geben: hier, [...] ihr macht das ganze online und dafür müsst ihr
aber nicht euch am Wochenende sozusagen jetzt euren Hintern
platt sitzen, auf gut deutsch gesagt, dann denke ich schon, dass
da die entsprechende Motivation dafür aufgebracht werden
könnte. Vor allen Dingen, wenn sie dann auch den Nutzen für

sich selber sehen, dass sie halt wirklich was lernen und das so […] auf sie zugeschnitten ist. Aber das ist natürlich auch ein Prozess, ein Lernprozess, durch den erstmal durchgegangen werden muss" (Z. 913 ff.).

Pädagogisches Selbstverständnis

Edwin und Eva sind, ebenso wie z.B. Florent, stark orientiert an den Arbeitsprozessen der Lernenden – das schließt den Bezug zu konkreten Arbeitsaufgaben, Arbeitsprozessen und berufsübergreifenden Teams sowie den Respekt gegenüber der Expertise der Einzelnen ein. Die individuelle Förderung der Lernenden ist für sie ein zentrales Thema. Deutlich wird der Konflikt mit den Rahmenbedingungen der Weiterbildung nach BKrFQG, die die Chancen selbstorganisierten Lernens als pädagogische Freiheit einschränken.

Reflexion

Ähnlich wie in dem Interview mit Monique reflektieren Eva und Edwin die Überprüfbarkeit des Lernens mit digitalen Medien: während üblicherweise nicht hinterfragt wird, ob Erwachsene in einer Präsenzveranstaltung etwas lernen, wird eine Erfolgskontrolle beim E-Learning oft gefordert. Eva und Edwin kritisieren das und geben zu bedenken, dass Prüfungen allgemein eine Dynamik evozieren können, die ein Lernen für den Test statt den Aufbau berufsbezogener Kompetenz fördert (Z. 505 ff.). Andererseits sehen sie Tests als Möglichkeit, sich dem Absitzen einer Weiterbildung zu entziehen.

Wie Ruth thematisierten Edwin und Eva, dass eine Spannung zwischen standardisiertem Training und individuell auf den Arbeitsplatz und die Expertise der Teilnehmenden zugeschnittener Weiterbildung besteht. So sei die Umsetzung des BKrFQG suboptimal aufgrund der starren Umsetzungsbedingungen, die nicht an den tatsächlichen individuellen Lernbedarfen ansetzen. Deutlich wird in dem Gespräch mit Edwin und Eva, wie europäische und nationale Regelungen die Rahmen beruflicher Weiterbildung prägen – und wie träge die EU gegenüber auch solchen

Forschungsergebnissen sein kann, die sie selbst finanziert hat. Das kann daran liegen, dass hier unterschiedliche Akteure in der EU-Kommission unterschiedliche Ziele verfolgen respektive unterschiedliche Haltungen innehaben. Eva und Edwin sind die ersten Interviewpartner, die europäische Vorgaben als Rahmen ihrer Arbeit thematisieren. Die angesprochene Widersprüchlichkeit von Förderung von Innovation einerseits und hemmenden faktischen Rahmenbedingungen andererseits haben wir aber im Grundsatz auch auf nationaler Ebene beobachtet. Die Bedeutung solcher Experimente wäre aus einer innovationstheoretischen Perspektive genauer zu betrachten – inwieweit tragen sie langfristig dazu bei, neue Praktiken auch im Mainstream zu etablieren?

Fallvignette 9: Angelika – „die lernen viel selber, aber man muss die schon an die Hand nehmen als Lernbegleiter"

Hintergrund

Angelika ist Bildungsmanagerin bei einem großen Weiterbildungsanbieter der beruflichen Bildung in Trägerschaft eines Branchenverbandes. Damit hat der Träger quasi eine Monopolstellung und bietet berufsbezogene Inhalte für verschiedene Tätigkeitsfelder und Niveaustufen in dieser Branche an. Das Unternehmen hat folgende Weiterbildungsangebote:

> „von Fachthema über erste Weiterqualifizierungen, dann auch weiter in so allgemeine Themen wie Projektmanagement, Führungsseminare, die dann aber sehr speziell auf die [...]-Branche gemünzt sind; also es sind alles Referenten, die sich in der Branche bewegen, und [...] unsere Zielgruppe sind alle, die in der [...]-Branche arbeiten" (Z. 48 ff.).

Das Unternehmen bietet darüber hinaus sowohl Weiterbildungen für Quereinsteiger als auch verschiedene Aufstiegslehrgänge bis hin zum Fachwirt und Bachelor an (Zeile 58 ff.). Dabei arbeitet es als ca. 30-köpfiger Verwaltungsstab mit durchgehend freien Trainer*innen zusammen; Online-Content wird von diesen freien Trainer*innen mitgebracht oder von externen Anbieter*innen erworben (Z. 212 f., 361 ff.). Im Verlauf des Interviews versichert sich Angelika einige Male bei einer Kollegin darüber, ob ihre Wahrnehmung des Weiterbildungsangebotes angemessen sei (z.B. Z. 154 f.). Aufmerksam wurden wir auf diesen Weiterbildungsanbieter, weil auf seiner Webseite mit Online-Kursen geworben wird.

Angelika ist als Produktreferentin für ein Themengebiet verantwortlich und zugleich zuständig für das E-Learning in dem Weiterbildungsunternehmen. Nach einer Ausbildung hat sie BWL studiert und mit einem Bachelortitel abgeschlossen. Bereits in ihrer früheren Tätigkeit war sie Ausbildungsbeauftragte. Dies und die Vertiefung durch einen Master in Human Resource Management haben sie schließlich in den Bereich der beruflichen Weiterbildung gebracht. Sie betont, dass sie keine explizit pädagogische Ausbildung habe, jedoch durch die langjährige Tätigkeit als Freizeitsportlehrerin über Lehr-Erfahrungen verfüge (Z. 730 ff.).

Lernen und Lehren mit digitalen Medien

Der Weiterbildungsanbieter, in dem Angelika tätig ist, bietet digital gestützte Lernangebote sowohl als reines Online-Angebot mit Studienbriefen als auch in einem Blended Learning-Setting an. Diese Lern-Lehrformen gibt es seit den frühen 2000er Jahren; derzeit werden sie umfassend pädagogisch-didaktisch umgearbeitet (Z. 156 ff.). Die Befragte sieht diesen Wandel eingebettet in einer allgemeinen veränderten Wahrnehmung digitaler Lernarrangements – von einer digitalen Sammlung zur Lernunterstützung und Interaktion online, wobei nicht nur Austausch mit Dozent*innen, sondern auch zwischen den Teilnehmer*innen angestrebt ist. Ansätze wie MOOCs werden als Möglichkeit reflektiert (Z. 168 ff.). Aus Sicht des Weiterbildungsanbieters steckt hinter dem Online-Lernen auch die Idee, die Teilnahme an Kursen durch Abbau von Anreisezeiten zu motivieren – dabei gehe es aber nicht um den Verzicht auf Präsenzzeiten, sondern lediglich um ihre Reduktion zugunsten von Online-Learning (Z. 192 ff.).

Angelika ist in dem Unternehmen zuständig für E-Learning. Sie selbst hat hierfür eine Weiterbildung besucht (Leading interactive and der Fernuni Hagen), eine der beiden in Deutschland angebotenen Weiterbildungen. Sie hat sich für diese entschieden, weil hier ein „beratender Teil" mit dabei sei (Z. 395). Ihr erworbenes Knowhow nutzt sie dafür, die strategische Weiterentwicklung in ihrer Einrichtung in Richtung E-Learning voranzutreiben. So sollen Trainer*innen, die bisher nur Präsenz-Seminare angeboten haben, künftig Blended Learning-Konzepte entwickeln. Hierfür bietet Angelikas Einrichtung eine eigene Qualifizierung an (Z. 412 ff.). Dabei geht es darum, wie ein Training aufgebaut, geplant und umgesetzt wird. Ausgeklammert sind dabei eher beratende Themen wie Plattformwahl, Vergleich von Systemen o.ä. - einfach, weil diese Entscheidungen von den Trainer*innen nicht zu treffen sind:

> „Ziel ist es, dass wir die Trainer quasi mit unserem System vertraut machen und denen auch Hilfestellungen geben, wie könnte man jetzt zum Beispiel die Teilnehmer aktivieren durch Beispiele, die wir bringen, also kann ich ne Umfrage machen oder wie kann ich ne Gruppenarbeit gestalten, so dass die Teilnehmer aktiv sind und nicht nur zuhören. Das ist aber nicht von heut auf morgen gemacht und dafür braucht man auch erstmal ein Gefühl dafür, wie ist der Trainer" (368 ff.)

Interessant ist hier, dass bewusst Kontakt zu den Trainer*innen gesucht wird. Nach der Erprobung wird evaluiert, wie die Einbindung der Lernplattform funktioniert hat (Z. 377 ff.). Angelika gibt dabei zu bedenken:

> „Das ist eine der größten Herausforderungen, glaub ich, auch für die Zukunft, für uns und auch für viele aus der Branche und vielleicht auch so im kompletten Bildungsbereich: wie kriegen wir die Präsenz-Trainer fit als E-Trainer bzw. wie halte ich die Qualität auch gleich hoch für das Training und wie gehe ich damit um? Es gibt ja Trainer, die sind vielleicht gar nicht dafür geeignet, also sind super Präsenz-Trainer, aber als E-Trainer sind sie einfach nicht geeignet, weil der Umgang mit der Technik nicht sicher ist oder weil sie einfach wirken, wenn sie als Mensch vor einem stehen, stimmlich... Jetzt aber hab ich ja weniger Chancen, als Mensch zu wirken, über so ein virtuelles Klassenzimmer. [...] Da muss man Lösungen finden. Man muss sich auch bewusst sein, dass es mal sein kann, dass man irgendwann noch einen zweiten Trainer mit ins Spiel holt oder sich von dem Trainer trennen muss für E-Trainings" (Z. 343 ff.).

Die Inhalte der online-basierten Weiterbildungsmodule werden in der Regel extern eingekauft und nötigenfalls auch selbst produziert, was aber mit erheblichen Kosten verbunden sei: Angelika nennt Aufwendungen von 30.000 bis 100.000 € pro Video, die sich wieder amortisieren müssten. Die Expertin argumentiert, dass es bei den zum Teil sehr speziellen Themen eine ökonomische Entscheidung sei, ob sich das lohne, zumal manche Inhalte auch schnell veralteten (Z. 465 ff.).

Angelikas Einrichtung hat sich gerade für ein offenes Lernmanagementsystem entschieden (Ilias) und befindet sich hierbei in der Umstellung. Bisher mussten sich Lernende für verschiedene Anwendungen in bis zu drei verschiedene Systeme einloggen. Bisher arbeitet die Weiterbildungsinstitution vor allem mit virtuellen Klassenzimmern und Foren, an denen die Teilnahme freiwillig erfolgt. Hier wägt Angelika die Chancen und Grenzen der Lernplattform ab:

> „Meine Erfahrung ist, meine persönliche Erfahrung, das wird vielleicht noch die ersten ein, zwei Wochen genutzt und dann nicht mehr. Also es muss schon was mit dem Lehrgang und mit der Lernzeit, während ich lerne, zu tun haben. Das Thema Alumni oder im Nachgang noch vernetzen, das machen die Leute eher über andere Medien, ne, also What'sApp, XING, und das wird auch während des Lernzeitraums genutzt, also What's App oder Facebook-Gruppen, wo wir keinen Einfluss drauf haben" (Z. 511 ff.).

Bezüglich Schwierigkeiten im Umgang mit Digitalen Medien auf Lernenden-Seite sagt sie, dass dies auf die Zielgruppe ankäme:

> „Also die jüngeren Generationen nicht, würde ich jetzt sagen, also die sind da schon sehr fit drin, die nehmen das auch an. Wenn wir jetzt eher Teilnehmer haben, die vielleicht schon so fortgeschrittenes Alter sind und vielleicht noch nicht so Smartphone routiniert wie die jüngeren Generationen, dann kann es schon hin und wieder sein, das mal gefragt wird: Passwort vergessen. Oder so eine Frage kommt wie: ich kann am virtuellen

Klassenzimmer nicht teilnehmen, weil sich das nicht runterladen lässt. Oder... also ganz gemischt. Aber ich würde jetzt... Da merkt man, glaube ich, schon den Generationswechsel. Auch wie das angenommen wird, also wie das selbst- oder das Online-Gestützte dann angenommen wird". (Z. 541 ff.).

Offensichtlich gibt es jedoch für einige Teilnehmende technische Barrieren zur Teilnahme an den Online-Angeboten, die vor allem an den branchenüblichen hohen Sicherheitsanforderungen hängen: Angelika nennt hier Firewalls, die ein Lernen am Arbeitsplatz mitunter unmöglich machen.

Angelika berichtet, dass der Bildungsanbieter weitere Angebote zum Thema Digitalisierung und digitale Medien plane und dabei auch erprobe, wie die Angebote angenommen werden. So gäbe es im kommenden Jahr vermehrt Webinare auch als Einzelveranstaltungen im Programm (Z. 553); mit der neuen Plattform bestehe die Möglichkeit, MOOCs einzubinden (Z. 463). Ein Dauerthema für Angelika als Erstellende von Angeboten ist die regelmäßige Überprüfung des Marktes von Software-Anbietern, insbesondere bei Webinaren. Hier hat sie in Zusammenarbeit mit einem Team verschiedene Systeme nach verschiedenen Kriterien überprüft:

> „Und dann spielen mehrere Themen eine Rolle, also die Bedienung für den Teilnehmer, die Bedienung für die Dozenten, die ja nicht täglich unbedingt damit arbeiten, sondern wenn sie für uns für ein Seminar berufen werden oder einen Lehrgang, wo das stattfindet, müssen sie sich dort reinarbeiten. Also nicht jeder Dozent quasi arbeitet ja jeden Tag damit. Das heißt, das muss auch etwas intuitiver sein bzw. leicht zu erklären. Dann spielt ne ganz große Rolle der Preis und damit, ja, fallen einige dann schon raus von der Bepreisung her, die zwar von der Methodik und von der Aufbereitung her und was die alles können

und wie die, sag ich mal, auch vom Gamification Gefühl her auf-
bereitet sind, sehr gut sind" (Z. 628 ff.).

Selbstorganisiertes Lernen

Angelika hat eine klare Einschätzung zum erwartbaren Grad an Selbstorganisation von Berufstätigen:

> „Also wenn ich jetzt mal in die Richtung selbstgesteuertes Ler-
> nen gehe, ist es im Moment, glaube ich, noch so, dass die eher
> an die Hand genommen werden wollen, weil es ja eher berufs-
> begleitend ist. Also es ist ja nicht wie im Studium, also ich sitze
> in der Uni und habe quasi meine Vorlesung und kann danach in
> die Bibliothek gehen und recherchieren, sondern die arbeiten
> [...] ja vorher, 5-Tage-Woche, 8-10 Stunden [...] den Tag quasi
> und dann müssen sie sich nochmal fortbilden. Also der Schritt,
> dass die dahin kommen, dass die sich das wirklich alles alleine
> aneignen, ich glaube, dazu wird es in der nebenberuflichen
> Weiterbildung nicht unbedingt kommen. Es sei denn, ich gehe
> bewusst ein nebenberufliches Studium ein" (Z. 433 ff.).

Auf diese Rahmenbedingungen müssten, so Angelika, die Trainer*innen
Bezug nehmen:

> „man wird eher zum Lernbegleiter, also ja, die lernen viel sel-
> ber, aber man muss die schon an die Hand nehmen als Lernbe-
> gleiter" (Z. 444 ff.).

Man wolle als Anbieter Lernpfade abbilden und sagen, welche Schritte
gemacht werden sollen:

> „also denen schon strukturiert vorgeben, wann passiert was,
> damit sie sich nicht nebenberuflich einfach mehr drum küm-
> mern müssen, das selber zu strukturieren. Ist jetzt – entspricht
> nicht dem selbstgesteuerten Lernen in dem Sinne" (Z. 447 ff.).

Pädagogisches Selbstverständnis

Angelika ist Bildungsmanagerin und sie berät (potentielle) Teilnehmende, wirkt somit also auch als Bildungsberaterin. Sie vermittelt dabei zwischen den Ansprüchen der Lernenden, den technischen Möglichkeiten und den Rahmenbedingungen in ihrer Institution und Branche. In ihren Ausführungen wird deutlich, dass sie über ein ausgeprägtes didaktisches Verständnis verfügt und dabei mit empirisch gesättigtem, realistischen Blick „ihre" Teilnehmenden betrachtet. Dabei gilt ihr Augenmerk einerseits dem Vermögen der Teilnehmenden, an einem bestimmten Angebot teilzunehmen oder Entscheidungen bezüglich ihres Lernweges zu treffen (berufliche Belastung, betriebliche Firewall). Auf der anderen Seite blickt sie betriebswirtschaftlich auf die Angebote ihrer Einrichtung: welche Investitionen sinnvoll sind orientiert sich daran, ob sich diese rechnen. Wie Monique und Anne wirkt Angelika wie eine „lebenslange Lernerin", deren Lernbereitschaft in ihrem Beruf erforderlich ist, den sie durch ihre Erkenntnisse zugleich aber auch gestaltet.

Reflexion

Mit Angelika befragten wir nach Monique die zweite Bildungsmanagerin einer ursprünglich analog arbeitenden Weiterbildungsinstitution. Wie jene gibt uns auch Angelika einen reflektierten Einblick in die Realität eines Weiterbildungsträgers, der sein Angebot schrittweise in Richtung E-Learning und Blended Learning aus- und umbaut.

Angelikas Ansatz in der Weiterbildungseinrichtung sehen wir als vielversprechend für eine gelungene Digitalisierungsstrategie. Daraus folgen einige Hypothesen für eine erfolgreiche Übertragung. So ist die Etablierung von Bildungsangeboten mit digitalen Medien vielversprechend, wenn:

- es einen zentralen Weiterbildungsakteur für eine Branche gibt, der Standards setzen kann und somit auch E-Learning- und Blended Learning-Angebote durchsetzen kann,

- zentrale Weiterbildungsverantwortliche in Weiterbildungseinrichtungen pädagogisch versiert sind (z.B. als E-Trainer*innen ausgebildet werden) und in der Position, dieses Knowhow strategisch in ihrer Einrichtung umzusetzen und weiterzugeben,

- die Bildungseinrichtung über genügend Ressourcen verfügt, um Investitionen in E-Learning-Infrastruktur und -inhalte zu tätigen.

Fallvignette 10: Lisa – „also ich finde Weiterbildung muss, damit sie effektiv wird, die Möglichkeit bieten, dass ich sagen kann: hmm, passt irgendwie zu mir und meinem Alltag, meiner Aufgabe"

Hintergrund

Lisa ist als Pädagogin tätig; ihre Interessengebiete sind u.a. Digitale Bildung, MINT, eLearning - Themen rund ums Digitale, Lernen und Technik. Wir lernten Lisa im Rahmen eines EduCamp kennen, erfuhren dort von ihrem - für uns innovativen - Lernstil und verabreden uns zu einem Interview. Das Hauptthema des Interviews war die Nutzung des Kurznachrichtendienstes Twitter zur persönlichen und beruflichen Weiterbildung im allgemeinen und die Rolle des Twitter-Chats #EDchatDE für Bildungsakteur*innen im Speziellen. Zusätzlich wurden die Möglichkeiten von Persönlichen Lernnetzwerken (PLN) erörtert und in Bezug zu klassischen Formaten der Lehrer*innenfortbildung gesetzt. Weitere Themen waren der Einsatz von digitalen Medien im Schulunterricht und die Nutzung digitaler (Weiter-)Bildungsangebote im Kollegium.

Nutzung digitaler Medien

Lisa berichtet, dass sie vor etwa zehn Jahren mit verschiedenen Web 2.0-Plattformen experimentierte und dabei auch einen Twitter-Account einrichtete:

> „ich glaube, ich habe den [Twitter-]Account eingerichtet, als ich damals meine Webseite hab machen lassen [...] und dann auf Xing unterwegs war, bzw. später habe ich mich dann angemeldet bei LinkedIn und Google und dann gehörte es irgendwie mit dazu, auch auf Twitter zu sein" (Z. 28 ff.).

Lisa beschreibt ihre Twitter-Nutzung in der Anfangszeit als passiv, also „erstmal nur gelesen, also geguckt: wem folge ich?" (Z. 33 f.). Sie traf die Auswahl an Personen, welchen sie folgt, anhand von für sie interessanten Tweets und Verlinkungen auf Blogs, Artikel etc.:

> „ein wichtiges Element in diesen Tweet sind ja die Verlinkungen; also man sucht sich Leute aus, die etwas twittern […] - Leute, die verlinken auf interessante Artikel, weil man bei den 140 Zeichen ja begrenzt ist" (Z. 34 ff.).

Auf Twitter findet Lisa Menschen, die ihre Interessen teilen und die sich über das Web 2.0 austauschen bzw. vernetzen. Ebenso nutzt sie Twitter für die Verlinkung ihrer eigenen Texte (Z. 40 f.). Lisa beschreibt ihr Vorgehen folgendermaßen:

> „also das heißt, man sieht jede Menge Links auf Artikel, die einen interessieren und sucht sich da halt sein Gebiet aus" (Z. 43 f.).

Über diese Gebiete, so Lisa, definieren Twitter-Nutzer*innen ihre Interessen und verlinken sich mit Gleichgesinnten. Die so entstehenden Netzwerke verlaufen über Berufsgruppen-, Länder- und Kontinentalgrenzen hinweg.

2013 lernte unsere Interviewpartnerin bei einer Tagung den Twitter-Chat #EDchatDE kennen. Die wöchentlichen, etwa eine Stunde dauernden Treffen für Bildungsakteur*innen auf Twitter sind für Lisa eine Weiterbildungsplattform für die Themenfelder digitale Medien und Schule:

> „also jedenfalls wenn die Leute etwas machen, wie sie sozusagen Bildung mit digitalen Medien bzw. heutzutage halt darstellen möchten, dann bloggen sie in der Regel darüber, schreiben etwas, und das findet man halt dort" (Z. 159 ff.).

> "Der André Spang der hat zusätzlich noch ein Wiki eingerichtet, […] da werden quasi jede Woche die Tweets eingesammelt, die innerhalb dieser einen Stunde geschrieben wurden zu diesem speziellen Thema, so dass dieses Wiki jetzt ein tolles Nachschlagewerk ist, wenn man wissen möchte zu einem bestimmten

Thema, was wurde denn da geschrieben. Wöchentlich treffen sich etwa - das variiert so ein bisschen oder normalerweise – 50, hm, 100 hatten wir auch schon mal, soviel sind es nicht, vielleicht sind es auch manchmal nur 40, aber jedenfalls werden quasi in dieser Stunde, ich sag mal, 500 bis 1000 Tweets geschrieben" (Z. 78 ff.).

Der Umgang mit Twitter muss im Rahmen eines solchen Lernformates kompetent sein, um nicht in der Informationsflut unterzugehen: Lisa verweist hier auch auf die Nutzung des Übersichtstools TweetDeck.

Die Bildungsakteur*innen, mit welchen Lisa in Kontakt steht, nutzen Web 2.0-Tools wie Twitter, Wikis und Blogs, um sich auszutauschen, zu verlinken und um voneinander zu lernen. Der Kontakt bleibt jedoch nicht virtuell: So beschreibt Lisa, wie sich aus einer für sie zunächst anonymen Masse von Teilnehmer*innen des #EDchatDE durch diverse thematisch einschlägige Veranstaltungen nach und nach persönliche Bekanntschaften und Freundschaften entwickelt haben:

"so und jetzt ist halt dieses Spannende, dass man sozusagen nicht einer anonymen Masse gegenübersteht, sondern inzwischen, sag ich mal, aufgrund der verschiedenen Real Life Treffen auf EDUCamps oder BarCamps oder Konferenzen oder Kongressen – kenn ich von diesen, ich sag mal 100 Leuten, inzwischen auch schon ja 40 bestimmt persönlich" (Z. 106 ff.).

"Oder aber: wenn die Leute auf verschiedenen Konferenzen ihr Thema vorgestellt haben, dann sagen sie: ich schreibe jetzt dazu einen Blog-Artikel und den kann man dann halt nachlesen" (Z. 140 ff.).

"jetzt, das hat sich entwickelt, dass man jetzt ganz viele Leute persönlich kennt und wenn ich jetzt sehe: da schreibt [Frau X] oder [Herr Y] oder wie auch immer, dann reagiere ich natürlich schneller" (Z. 274 ff.).

Auch im Interview nennt Lisa Personen aus ihrem Umfeld und erzählt begeistert von einem Treffen mit einer Bundestagsabgeordneten und einem ausländischen Kollegen, zu welchen sie über den Twitter-Chat den Kontakt herstellte. Das Duzen ist eine Kommunikationsstrategie, die nicht nur im #EDchatDE, sondern auch z.B. bei EduCamps eingesetzt wird, um Austausch zu erleichtern.

Selbstorganisiertes Lernen

Lisa beschreibt den #EDchatDE als ihre „wöchentliche Fortbildung" (Z. 235). Daneben vernetzt sie sich selbstorganisiert v.a. über Twitter. Sie resümiert:

> „also ich finde Weiterbildung muss, damit sie effektiv wird, die Möglichkeit bieten, dass ich sagen kann: hmm, passt irgendwie zu mir und meinem Alltag, meiner Aufgabe. Wenn ich eine Frage habe, ich weiß an wen ich mich wenden kann, geht ganz schnell, was weiß ich, wenn ich mir hier auf Twitter gegenseitig folge, kann ich mir Nachrichten schicken" (Z. 713 ff.).

> „Es sind halt viele dieser Lehrkräfte halt auch fleißig am Bloggen, so dass man dann im Prinzip nachlesen kann. Also ich habe zum Beispiel [eine Kollegin] gefragt: ich würde gerne in der Schule GoogleDrive anwenden, hab aber das Problem von wegen, ich soll ja keine personenbezogenen Daten verwenden, also sprich die E-Mail-Adresse der Schüler. Hat sie gesagt: ach, guck, ich hab des dazu geschrieben auf meinem Blog, du kannst es [ein Google Drive Dokument] auch einfach so frei geben, nur der Link ja und dann kann jeder, der den Link kennt, da mitschreiben" (Z. 127 ff.).

„Also neulich hat der eine Lehrer gepostet, so ein Zwei-Minuten Video wie der Bayrische Rundfunk bei ihm war und wie sie das machen mit Handys im Unterricht. Also ich habe, bin ihm auf Twitter gefolgt, den kannte ich noch nicht, [...], dann folgte er mir und dann habe ich ihn einfach über Nachricht angeschrieben: ja, kannst du mir sagen, über welche Firma du das gemacht hast? Hat er geantwortet" (Z. 718 ff.).

Demgegenüber kritisiert Lisa herkömmliche Bildungsformate für Pädagog*innen. Im Interview berichtet sie über die letzte Fortbildung, an der sie teilgenommen hat:

„da wäre ich am liebsten schon wieder gegangen, also weil, also ich sag mal diese Geschichte mit dem Frontal-Unterricht, da stehe ich nicht mehr so drauf. Dann die Gruppenaufgabe, die hätte man wesentlich schneller erledigen können, ja, und ich hab dann gedacht: es ist so viel Zeit draufgegangen für etwas, das hätte ich, also ich sag mal, mit ein paar Leuten diskutiert, hätte ich mir das in einer Stunde reinziehen können und dafür muss ich nicht unbedingt vor Ort sein, um diese Erkenntnis zu haben. [...] Also ich gehe inzwischen nicht mehr zu Veranstaltungen [...], wenn ich da im Programm lese, um 9.00 Uhr geht es los, Begrüßung und dann kommt Vortrag 1,2,3 Podiumsdiskussion, Mittagessen, Vortrag 4,5,6 Podiumsdiskussion, Verabschiedung, sag ich mir: okay, brauche ich nicht hingehen, weil was behalte ich mir davon?" (Z. 541 ff.).

In Kontrast zu diesen klassischen Weiterbildungsformaten stellt Lisa ihre Erfahrungen mit BarCamps als Veranstaltungen, die viel Partizipation ermöglichen:

„Ja, und von daher ist für mich ein BarCamp eine tolle Form, also jeder der dahin geht kann selber eine Session anbieten und wenn ich jetzt sage: mich interessiert dieses Thema oder jenes, dann suche ich mir halt eines aus, die BarCamp-Liste ist ja insgesamt groß; Es gibt jedes Wochenende fünf verschiedene Veranstaltungen gleichzeitig zu unterschiedlichen Schwerpunkten. Und dann läuft ja nicht nur immer eine Session, sondern meistens fünf parallel. Also von daher: wie lerne ich? Einmal Twitter, ja, aber BarCamps sind für mich auch noch eine recht gute Form, solange es nicht zu sehr Spezialwissen ist, also ich sag mal für Spezialwissen würde ich dann doch auf eine Konferenz gehen, wenn dann dort halt Leute ganz detailliert bestimmte Dinge referieren, und dann auch die Möglichkeit eines intensiven Austausches gibt, weil nur für einen Vortrag, da kann ich mir auch ein Video angucken" (Z. 553 ff.).

Lisa kritisiert nicht den Inhalt klassischer Fortbildungen, sondern ihre Methoden – Frontal-Unterricht bzw. Vorträge und uneffektive Gruppenarbeit. Sie macht deutlich, dass sie gern mit und von anderen lernt, dass es ihr dabei aber nicht wichtig ist, dafür vor Ort zu sein (das Video einer Rede zu sehen ist z.B. für sie gleichwertig mit dem Vortrags-Besuch, falls nicht die Möglichkeit des Austausches dazukommt). Zeitliche Effizienz ist ihr wichtig, so dass sie genau abwägt, wann physische Anwesenheit Sinn macht: Sie berichtet, dass sie etwa ein Mal im Monat eine Weiterbildungsveranstaltung besucht. Dabei erwartet sie von unterschiedlichen Formaten eher Vielfalt (BarCamps) oder inhaltliche Fokussierung (Konferenzen). Durch den Austausch mit anderen bei BarCamps und Konferenzen wiederum verstärkt sich das informelle, digital gestützte Netzwerk, das Lisas Lernumgebung abbildet (s.o.).

Pädagogisches Selbstverständnis

Lisa ist aus Sicht des Projektteams ein gutes Beispiel reflektierten, kontinuierlichen und selbstorganisierten Lernens. Ihre inhaltlichen Interessen bringt Lisa auch in ihre Arbeit als Pädagogin ein und bietet z.B. eine Arbeitsgruppe an, in der es um den Bau, das Programmieren und das

Präsentieren von Robotern geht. Lisa unterstützt die Lernenden dabei, selbständig und kooperativ zu arbeiten:

> „Also ich finde immer, der Lerneffekt ist mit am größten, wenn man nicht nur einen persönlichen Wissenserwerb hat, sondern wenn man das, was man an Wissen hat, auch anderen noch so weitergibt, dass sie es kapiert haben" (Z. 475 ff.).

Ihre Aufgabe als Pädagogin sieht Lisa nicht nur in der inhaltlichen Vermittlung, sondern auch in der Begleitung der Lernenden in einer digitalisierten Gesellschaft:

> „Ich sage immer, wir haben in Deutschland etwa 11 Millionen Schüler, [...] die sind alle irgendwie im Netz unterwegs, nahezu alle, ja, und Cybermobbing passiert im Vorbeigehen. [...] Ich habe eine siebte Klasse Realschule, die haben eine WhatsApp Gruppe für die Klasse, aber sie haben keinen Administrator, auch keinen Moderator, da neulich habe ich mit ihnen über Regeln gesprochen: wie, WhatsApp-Regeln? Da gibt es keine! Sag ich: ja eben! Ich möchte gerne, dass ihr euch darüber klar seid, wie agiert man hier und wie schnell kann da Cybermobbing entstehen und wie schlimm ist das? Ihr kriegt nie wieder einen Post zurück, ihr könnt es nicht festhalten, zurückfordern, es geht nicht, es ist im Netz drin, Zack! Wenn da 20 Leute drin sind und man kann maximal 250 Leute in einer WhatsApp Gruppe haben... So, also ich finde, die 11 Millionen Schüler müssen informiert werden" (Z. 754 ff.).

> „der Mensch ist ja so, wenn er das Gefühl hat, ich habe eine Resonanz auf das, was ich tue, ja, und die ist positiv, dann fühlt man sich gut, das kriege ich ja damit [mit Social Media] auch leicht hin, solange jetzt nicht ein Shitstorm losbricht" (Z. 807 ff.).

Lisa nutzt Open Educational Resources und macht den Lernenden transparent, welche Lernmöglichkeiten sie online haben:

> „also ich bin jetzt auch wieder beim HPI in einem MOOC drin und ich will jetzt meine Informatik-Schüler, - nächste Woche startet eine für Schüler, bieten die an, zum ersten Mal - demnächst jetzt auf´s Auge drücken" (Z. 589 ff.).

In der Formulierung „auf's Auge drücken" klingt dabei selbstironisch an, dass sie von den Lernenden keine spontane Begeisterung für die Lernform MOOC erwartet. Auch in ihrem Kollegium sieht sich Lisa als einzige, die Informatik nicht nur lehrt, sondern auch die innovativen Möglichkeiten der Digitalisierung lebt:

> „Also ich habe, glaube ich, 120 Kollegen, des macht sonst keiner. Also ich meine MOOCs gibt es seit 2011, […] aber ich treffe immer wieder Kollegen, die theoretisch in diesem Bereich unterwegs sind und die noch keinen MOOC mitgemacht haben" (Z. 580 ff.).

Auch andere innovative Lern-Formate wie BarCamps und Twitter seien ihrem Kollegium fremd. Die meisten Lehrenden, so resümiert sie, seien mit der Nutzung neuer digitaler Formate im Schulunterricht überfordert und nicht imstande, Lernende in einer digitalisierten Welt reflexiv zu begleiten (ebd.).

Insgesamt wird deutlich, dass Lisa ihre Lernerfahrung mit ihren Schüler*innen teilen möchte und dabei nicht nur Informatik als Thema, sondern auch die digitalisierte Gesellschaft als Rahmen ernst nimmt. Ihre eigene Medienkompetenz ist dabei eine zentrale Bedingung für ihr professionelles Handeln.

Reflexion

Bei der Reflexion des Interviews mit Lisa war das Forschungsteam beeindruckt von ihr als Person, die ihre berufliche Weiterbildung durch

Vernetzung selbst organisiert. Mit Blick auf das Förderprogramm fragten wir dann: was ist eigentlich das Innovative daran? Das Bild der vernetzt Lernenden finden wir z.b. bei Schriftsteller*innen des 18. und 19. Jahrhunderts wieder, die einander nicht nur in literarischen Salons begegneten, sondern auch durch Briefe miteinander in Verbindung standen. Neu ist das Ausmaß der Vernetzung: so berichtet Lisa, dass sie etwa 2000 Follower habe, und sie beschreibt Begegnungen mit Menschen aus unterschiedlichen Berufen und Ländern. Lisa besucht neben dem #EDchatDE regelmäßig nicht-deutschsprachige Chats. Dadurch erhält sie einen Eindruck von den Diskursen in anderen Ländern. Das Learning by Twitter ist per se grenzüberschreitend: in die Kurznachrichten eingebetteten Links verweisen oft auch auf anderes, z.b. Webseiten, Blogs, XING-Profile oder Veranstaltungen.

Der Twitter-Chat #EDchatDE, den Lisa als ihre wöchentliche Weiterbildung bezeichnet, ist an keine institutionellen Strukturen angebunden und wird von den Teilnehmenden selbst organisiert und priorisiert. Dadurch entsteht eine Lerngemeinschaft von aktiv Beitragenden, die im Gegensatz steht zu dem Bild des Internets als Bibliothek, aus der sich alle unverbindlich bedienen können. Im Sinne von Stäheli (2014) können dabei sowohl Strategien der Vernetzung als auch solche der Entnetzung rekonstruiert werden. So ist das persönliche Kennenlernen des halbbekannten Netzwesens nützlich, um das Gegenüber besser zu verorten; den Beiträgen persönlich Bekannter wird der Vorzug gegenüber den Beiträgen von Fremden gegeben. Die Bildung einer Community trägt dazu bei, hochwertige Informationen nicht nur zusammenzustellen, sondern auch wiederzufinden und Neues in ihnen zu verankern.

Literatur

Larbig, Torsten, und André Spang, (Hrsg.)(2017). Digitale Medien für Unterricht, Lehrerjob und Schule: die besten Ideen und Tipps aus dem Twitterchat #EDchatDE. 1. Auflage. Berlin: Cornelsen. https://news.rpi-virtuell.de/wp-content/uploads/2017/02/digitale-medien-furunterricht.pdf.

Stäheli, Urs (2014). Aus dem Rhythmus fallen: Zur öffentlichen Entnetzung. In: Kursbuch 177, Murmann.

Fallvignette 11: Uli – „Inhalte so anbieten, dass Leute da [...] selbstbestimmt durchgehen können"

Hintergrund

Uli hat Informatik und Marketing studiert. Nachdem sie verantwortliche Tätigkeiten im Kommunikationsbereich für verschiedene Nichtregierungsorganisationen im In- und Ausland ausgeübt hat, arbeitet sie seit mehreren Jahren als Kommunikationsberaterin und Moderatorin für internationale Kund*innen. Sie hat vielfältige Erfahrung als Trainerin in offline- und online-Kontexten. In unserem Interview sprachen wir sie sowohl als Lehrende wie auch als Lernende an.

Selbstorganisiertes Lernen mit digitalen Medien

Anlass des Interviews war Ulis Auseinandersetzung mit einem web-basierten Training zum Thema Zeitmanagement, an dem auch einige Mitarbeiter*innen des Projektteams teilgenommen hatten. Im Rahmen des Kurses wurden Videos von einem Bestsellerautor in diesem Bereich präsentiert; ergänzend zu den Videos standen Quizze zur Überprüfung des Lernstandes und Lern-Texte zur Verfügung. Insgesamt nahm sich Uli circa 2 Stunden Zeit für das Material. In dieser Zeit sah sie

> „vier, fünf von den Videos, bis ich irgendwann beschlossen habe, dass ich durch bin mit den Videos und danach habe ich mir dann nur noch die PDFs und die Tests angeguckt" (Z. 8 ff.).

Insgesamt beurteilt Uli das Material des Weiterbildungsanbieters als problematisch: „Ne, also man kann videobasiertes Lernen gut machen, aber das war es nicht" (Z. 116 f.). Sie kritisiert, dass die Aufbereitung des Themas durch den Dozenten sich an einem starren und hierarchischen Arbeitsplatz-Modell orientiert - ohne Bezug zu anderen Arbeitsformen und der Heterogenität der Arbeitnehmer*innen:

> „Er hat halt einfach sehr stark ein >so und so ist die Welt und so funktioniert sie für jeden, wenn Sie das und das machen wer-

den Sie erfolgreich sein<. Und halt gleichzeitig davon auszuge-
hen, dass jeder die Möglichkeit hat zu delegieren, dass es nie
irgendwelche Sachen gibt, irgendwie neue Ereignisse reinkom-
men" (Z. 47 ff.).

„Zeitmanagement wie vor 20 Jahren, so ein bisschen hörte sich
das an, so alte weiße Männer halt, die in Führungssituationen
[...] irgendwo sitzen" (Z. 72 ff.).

In Hinblick auf die didaktische Vermittlung gibt Uli zu bedenken:
„Er [hat] halt keine Geschichten erzählt von irgendwie: Person
X hatte das und das Problem und so und so angewendet, sondern es gab halt wirklich nur Regeln- tack tack tack tack tack,
noch nicht mal, sag mal, Beispiele wie man das anwendet. So,
nur: hier sind die sieben Schritte und so funktioniert das in allen
Situationen. Nee! Tut's nicht! [...] Also einfach sehr wenig Leute
zum selber Denken anregen" (Z. 53 ff.).

Auch die Lernerfolgskontrollen findet sie in diesem Sinne problematisch:
„Die testen halt, ob du zugehört hast und nicht, sag mal, ob du
das Gelernte tatsächlich auf deinen Kontext anwenden kannst.
Die regen dich nicht dazu an, selber noch mal nachzudenken.
[...] Also ist wirklich nur ein >wofür steht Akronym X, was bedeutet Effizienz<" (Z. 81 ff.).

Unsere Interviewpartnerin ordnet das Lernmaterial in betriebliche Or-
ganisationsstrukturen ein und mutmaßt, dass diese Form des Tests
nicht mit Blick auf die Lernenden, sondern bezugnehmend auf die ihnen
zugeordnete Personalabteilung entwickelt wurde:

„es [ist] halt einfach so ein bisschen: Personalabteilung kontrolliert noch mal, ob du tatsächlich auch zugehört hast, während du da ne Viertelstunde vor dem Video saßest und Däumchen gedreht hast" (Z. 92 ff.).

„Die [Anbieter des web-basierten Trainings] versuchen sehr stark an die Personalabteilung ran zu gehen und halt ihr Seminar zu verkaufen als ein: hey, damit löst ihr das Problem Zeitmanagement bei Euch in der Firma. Wo ich eigentlich denken würde: hey, drückt euren Mitarbeitern ein Buch in die Hand und vertraut denen, dass die da ab und zu mal reingucken, und dann klappt das schon wesentlich besser als irgendwie Leute für irgendwie 3-5 Stunden vor so ein Seminar zu schnüren" (Z. 27 ff.).

Aus Ulis Sicht macht die Nutzung eines Videos zur didaktischen Vermittlung nur dann Sinn, wenn das spezifische Potential dieses Mediums genutzt wird. Dieses Potential kann in der visuellen Strukturierung von Inhalten liegen (z.B. durch Kameralenkung, Z. 110 ff., 131 ff.), aber auch in einer die Lernsituation auf Metaebene reflektierenden persönlichen Ansprache: „klickt doch mal auf den Pauseknopf" (Z. 138). Sie verweist wiederholt darauf, dass das Medium zur Botschaft passen muss:

„also, ne, er braucht ne Viertelstunde für ein so ein Video, was ich wahrscheinlich, wenn er denselben Inhalt mir schriftlich gegeben hätte, in drei Minuten gelesen hätte" (Z. 20 ff.)

„das Video hatte wenig Mehrwert darüber, über den Inhalt, also in dem Sinne, man hätte es auch als Audio anbieten können und du hättest genauso viel rausgekriegt" (Z. 139 ff.).

Die Interviewpartnerin rät von „Talking Heads" (Z. 387), also Videos von vortragenden Personen, ab und präferiert kürzere Darstellungen. Als positives Beispiel für Vermittlung von Wissen in Videos nennt sie den YouTube-Kanal Crash Course (Z. 359 ff.).

Die große Herausforderung des online-basierten Lernens sieht Uli darin, dass Interessierte sich zu einem Kurs anmelden, dann aber der Teilnahme nicht mehr genug Bedeutung beimessen:

> „Und bei Online-Sachen ist gerade eher das Problem, dass ich im Zweifelsfall mit einer guten Intention reingehe und im Zweifelsfall mich dann für etwas anmelde und dann merke so: äähh, nee! Das hat gerade nicht die Priorität, dass ich tatsächlich dabeibleibe. Und ich glaube, das ist tatsächlich die Herausforderung für das meiste Online-Learning: wie kriegt man Leute dazu, dass sie sich damit tatsächlich beschäftigen?" (Z. 461 ff.).

Sie reflektiert dabei, dass es im Sinne selbstorganisierten Lernens durchaus in Ordnung sei, sehr selektiv und unvollständig das Lernmaterial zu sichten.

> „Leute zu zwingen, sich jedes Video anzugucken und dann halt nen Haken dahinter zu machen, das ist halt nur hilfreich, wenn du von nem Kontrollmodell da ran gehst und nicht von einem Modell, wo du sagst so: hey, was will ich denn eigentlich lernen und wie will ich das denn jetzt eigentlich anwenden?"

Als Trend für die Zukunft, vor allem im Unternehmens-Bereich, sieht Uli das soziale Lernen:

> „da hast du dann deine Gruppe oder Kohorte, die gemeinsam durch den Prozess geht und gemeinsam lernt, entweder Face-to-Face oder online" (Z. 429 f.).

Das gemeinsame Lernen ist auch für sie als Lernende wichtig:

> „Ich bin ein großer Fan von tatsächlich Face-to-Face, [...] gerade weil es bei mir ganz viel um [...] Berater-Kompetenz, Moderation und so weiter und so weiter geht in meinem Lernen [...]. Ich investiere da dann, dass ich einmal [...] im Jahr ein gutes Training mitmachen kann [...]. Du hast halt auf der einen Seite [...] die Inhalte, du hast die Beschäftigung mit: was heißt das

denn eigentlich für meine eigene Praxis oder meine eigene Anwendung, und dann hast du nochmal Netzwerke von Leuten, die ähnliche Dinge machen und das ist halt für mich total wichtig. Und ansonsten bin ich tatsächlich ein großer Fan von Büchern. Bücher sind großartig und super billig" (Z. 445 ff.).

Die kritische Bewertung des Zeitmanagement-Kurses kann nicht nur durch Ulis Erfahrung als Lernende, sondern auch durch ihr Selbstverständnis als Lehrende begründet werden.

Pädagogisches Selbstverständnis

Uli ist als Weiterbildnerin tätig und hat auch Online-Kurse konzipiert und geleitet. Im Interview beschreibt sie zwei Weiterbildungen, die sie selber durchgeführt hat. Zu dem Thema Teamarbeit und Kommunikation hat sie einen Kurs konzipiert, der einerseits zwei Tage lang analog in einer großen Organisation stattfand. Ein zusätzlicher Online-Kurs diente andererseits als Add-On, als Vertiefungs- und Erweiterungsplattform zum Face-to-Face Training. Dieses erweiterte Angebot wurde über das E-Learning-System der Organisation allen Mitarbeiter*innen zur Verfügung gestellt und ermöglichte somit einen offenen Zugang:

> „Wir haben […] basierend auf den Inhalten nen Online-Kurs produziert, auch mit der Ansage: hey, wenn ihr nicht die Zeit habt, den 2-Tages-Kurs zu machen, könnt ihr zumindest mal hier reingucken oder gleichzeitig auch, wenn ihr im Bereich constructive work relations was möchtet, guckt doch mal in den Kurs rein, dann kriegt ihr so ein bisschen ne Idee dafür was in dem 3-Tages-Kurs passiert. Um dann halt auch zu sagen: ihr könnt auf verschiedenen Tiefen reingehen und selber gucken, was brauch ich denn eigentlich gerade" (Z. 195 ff.)

Das Online-Kursdesign wurde dementsprechend so aufgebaut, dass es individuelle Möglichkeiten des Zugangs gab. Aus Kostengründen war eine Betreuung der Lerninhalte nicht möglich, das heißt,

„wir mussten ein Programm haben was A) nicht irgendwie ne Gruppe, ne Kohorte zusammen durch nen Prozess führt, sondern was im Endeffekt Online steht und Leute sich das angucken können in ihrem Zeitplan" (Z. 214).

Methodisch wurden Videos, Texte und Reflexion-Übungen bereitgestellt mit der Leitidee, die Anwendung des Gelernten anzuregen. Auch hier wurde bewusst die digitale Lernumgebung reflektiert:

„wie können wir das eigentlich auf einen Kontext umsetzen von der Person, die gerade alleine vor ihrem Rechner sitzt?" (Z. 220 ff.)

Uli schlägt vor, denselben Inhalt zuweilen in verschiedenen Formaten anzubieten:

„was wir gemacht haben für die Übungen relativ oft, ist, dass wir halt einen Audio-Prozess aufgenommen haben, also irgendwie 10 Minuten von wegen: hey, nimm dir grade mal die Zeit, mach die Tür zu, was du brauchst ist ein Stift und ein Blatt Papier, kannst dir das anhören, kannst dann während der Zeit das aufschreiben. Und gleichzeitig halt denselben Prozess dann nochmal für Leute, die gerade nicht irgendwie was auf die Ohren haben können, sondern halt einfach das lesen können und dann das in ein Formular reintippen" (Z. 224 ff.).

Der zweite Kurs, den Uli im Interview beschreibt, wurde als MOOC (Massive Open Online Course) konzipiert:

„wir hatten einmal in der Woche ein Webinar, wo alle zusammenkamen. Da gab's ne Recording zu. Es gab ein aktives Forum. Wir haben Leute relativ schnell gebeten, sich mit irgendwie drei, vier Leuten zusammenzufinden, um halt Aufgaben zusammen zu machen. Ich habe selber [...] über den Kurs eine Handvoll Facebook-Freunde gewonnen. [...] In dem Moment war das halt wesentlich mehr über… Ich glaube, in der Bildungstheorie redet man dann über connectivism oder sonst wie was, da ging es halt wesentlich mehr drum, wie können wir halt gemeinsam und voneinander auch lernen" (Z. 271 ff.).

„ich glaub wir hatten 3000 Anmeldungen und wir hatten aber auch Webinare, also Veranstaltungen, wo, ich glaube, 120 Leute dran teilgenommen haben" (Z. 288 ff.).

Im Rahmen der Webinare wurde
„sehr viel mit Chat gearbeitet, das heißt wir haben Informationen halt oder halt Interview und Training über Video und Ton gemacht und Leute zwischendurch gebeten, sehr viel im Chat zu interagieren, und dann haben wir halt die Fragen aus dem Chat hochgeholt" (Z. 303 ff.).

Aus Ulis Sicht hat sich durch dieses Vorgehen
„so ein bisschen ne Community [gebildet], […] bisschen schwammig zu greifen, aber man merkt halt, dass es Interaktionen gibt zwischen den Leuten" (Z. 294 ff.).

Beide Weiterbildungen hatten einen starken Fokus auf selbstorganisierte Lernprozesse, die den Lernenden die Wahl lassen, wann und was sie lernen wollen: Die Teilnehmer*innen sollen ihren Lernbedarf analysieren und danach ihr Handeln ausrichten. Uli sieht ihre Aufgabe darin,
„die Inhalte so an[zu]bieten, dass Leute da […] selbstbestimmt durchgehen können" (Z. 338 f.).

Ein wichtiger Aspekt ist dabei, die Lernenden „zum Selberdenken an[zu]regen" (Z. 61). Uli vertraut in die Lernbereitschaft der Kursteilnehmenden und setzt bei der Ergebnissicherung den Fokus auf ein Bewusstmachen und Reflektieren des Lernprozesses:

„wir [haben] uns sehr bewusst entschieden, kein Multiple-Choice zu machen, sondern [...] Journaling-Übungen" (Z. 170 ff.).

Wichtig ist ihr, vielfältige Lernzugänge und –pfade anzubieten (vgl. Z. 339); dazu gehört für sie die Bereitstellung von Inhalten für mobile Endgeräte (Z. 340).

Reflexion

In Ulis Bewertung und Reflexion des web-basierten Zeitmanagementtrainings fließen ihre Erfahrung als Lernende, ihr berufliches Knowhow und ihr Fachwissen im Bereich Weiterbildung ein. Zusammenfassend lassen sich ihre Hinweise als kompakte Checkliste für die Reflexion web-basierter Lernangebote lesen:

- Wie transparent ist die pädagogische Zielsetzung?
- Welche Zielgruppe ist eigentlich angesprochen? Und wird das deutlich?
- Wie aktuell sind die Inhalte?
- Wie erfolgt die methodische Umsetzung: Wird das geeignete Medium genutzt? Werden die didaktischen Potentiale des Mediums genutzt?
- Wie werden selbstbestimmte Lernprozesse unterstützt?

Uli wirkt reflektiert und online-affin: sie hat klare Vorstellungen davon, wie sie selbst lernen möchte (durchaus klassisch mit Büchern) und elaboriert im Interview, wie sie ihr Lehrziel „selber denken und anwenden" analog und online-basiert in didaktische Maßnahmen umsetzt. Sie scheint in Settings zu arbeiten, in denen Online-Kommunikation zum Standard gehört, denn sie ist eine der wenigen befragten Weiterbildner*innen, die nicht über technische oder organisatorische Probleme der Lernenden mit Blick auf digitale Lernmedien berichten.

Im Interview spricht Uli viel über das Online-Lernen in Unternehmen, das im Sinne von Holzkamp expansiv oder defensiv gerahmt sein kann.

Eine zweite Ebene dieser Betrachtung ist die Frage, was - aus pädagogischen wie auch aus finanziellen Gründen - als digital gestütztes Lernen eigentlich angeboten wird: ein Bildungs-„Fertigprodukt" oder die Chance zu mehr „Selbstbedienung mit viel Wahl- und Handlungsmöglichkeiten" (Schlutz 2004, S. 139). Schlutz (2004) formuliert diese beiden Möglichkeiten in einem bemerkenswerten Artikel zum Wandel in der Weiterbildung, in dem er argumentiert, dass in Deutschland weder (wie in den USA) ein preiswerter Weiterbildungs-Dienstleistungsmarkt entstehen werde noch (wie in Schweden) eine „Gesellschaft des öffentlichen Dienstes" (ebd., S. 137) zu erwarten sei. Vielmehr entstehe eine „Selbstbedienungsgesellschaft" (ebd.), in der Leistungen durch Eigenarbeit erbracht werden, wobei „preiswerte Industrieprodukte" (ebd.) die Arbeit unterstützten:

> „D.h. der vermutete oder empfohlene Trend zum >selbst organisierten< Lernen darf nicht allein als pädagogischer Fortschritt gedeutet werden, sondern könnte unter soziologischen und ökonomischen Gesichtspunkten auch einen tendenziellen >Rückschritt< darstellen, zurück zu Industrieprodukten und Heimarbeit im Feld der Bildung" (ebd., S. 139).

Ähnlich wie Lisa (beschrieben in Fallvignette 10) spricht Uli vom Lernen als Aufbau eines Netzwerks. Sie benennt hier explizit das Netzwerken mit Menschen als Teil ihrer Lernpraxis; implizit kann auch der Verweis auf Lernmaterialien so gedeutet werden, dass sie Teil eines Lernnetzwerks bzw. einer Lernumgebung sind (Bücher für Uli, digitaler Lernstoff für die Teilnehmenden in ihren Kursen).

Literatur

Holzkamp, Klaus (1993). Lernen - subjektwissenschaftliche Grundlegung. Frankfurt a.M.: Campus.

Schlutz, Erhard (2004). Dienstleistung oder Selbstbedienung? Zum Aufgaben- und Ideologiewandel in der Weiterbildung. In: Brödel, Rainer (Hrsg.). Weiterbildung als Netzwerk des Lernens. Differenzierung der Erwachsenenbildung. Bielefeld: wbv.

Fallvignette 12: Thilo – „über Interaktion, Machen und Tun"

Hintergrund

Thilo ist Trainer und Geschäftsführer eines Weiterbildungsträgers mit Schwerpunkt Projektmanagement. Dieses ist von der Deutschen Gesellschaft für Projektmanagement e.V. (GPM) zertifiziert und zugelassen: Das Bildungsprogramm richtet sich demnach nach den Vorgaben der GPM. Das Angebot des Unternehmens richtet sich an Teilnehmende aus allen beruflichen Branchen, und es reicht von einem Basis-Zertifikat bis zu einem 4-Level-Certifications-System nach IPMA- (International Project Management Association) Richtlinien.

Didaktisches Konzept und Einsatz Digitaler Medien

Die Lernenden nehmen nach Thilos Beobachtung i.d.R. aus eigenem Interesse an den Weiterbildungen teil, und nicht, weil sie von ihrer Firma geschickt wurden (Z. 437). Als typische Motivation fasst Thilo zusammen:

> „Projektmanagement, da interessiert man sich erst dann für, wenn man selber in der Praxis mal dann erleben durfte, wie schwierig das ist, eigentlich, mit vielen, vielen anderen Menschen zusammen was auf die Reihe zu kriegen" (Z. 340 ff.).

Aus Thilos Sicht verlangt das Thema Projektmanagement, sich mit vielen unterschiedlichen Menschen auf ein gemeinsames Ziel zu konzentrieren. Das Zusammentreffen verschiedener Berufsgruppen, divergenter beruflicher Erfahrungen und verschiedener Altersgruppen in der Weiterbildung ist für ihn daher ein wichtiger Faktor erfolgreichen Lernens (Z. 390 ff.). Kommunikationsfertigkeiten und interpersonelle Skills sollen durch Gruppenarbeiten und Präsentationstechniken in den Kursen gefördert werden. Hinzu kommt, dass die Teilnehmenden diverse Transferleistungen zu erbringen haben, bevor sie ein Zertifikat erhalten. In den Kursen findet eine enge Bindung an die Arbeitswelt statt und

Thilo betont, dass der Erfolg der Weiterbildung darin liegt, dass auch Projekte aus der Berufspraxis der Teilnehmer*innen besprochen werden. Daneben benennt Thilo den Selbstversuch und das Scheitern als didaktische Elemente. Obwohl digitale Medien Thilo als Geschäftsführer einer Weiterbildungseinrichtung beschäftigen, sieht er vor diesem Hintergrund ihre Einsatzmöglichkeiten als beschränkt an:

> „also ich seh´s dann vielleicht eher für die Zukunft als zusätzliches Angebot, aber ich glaube nicht, also in diesem Bereich, wenn´s um Management-Themen geht, [dass es] ein Ersatz sein kann, um da irgendwie ne Verhaltensänderung herbeizuführen beim Menschen: Das geht nur über Interaktion, über Machen und Tun, das wäre so meine Einschätzung" (Z. 288 ff.).

> „das Management ist immer ein interaktiver sozialer Aspekt, der da drinnen steckt, von daher ist es schon schwer, denke ich, das auszulagern komplett in den E-Bereich" (Z. 258 ff.).

Ein Weiterbildungskurs setzt sich aus verschiedenen Elementen wie Gruppenarbeiten, Vorträgen, Transferarbeiten, Diskussionen, Selbstlerneinheiten und Prüfungsvorbereitungen zusammen. Zusätzlich stehen Materialien in analoger und digitaler Form zur Verfügung und die Teilnehmer*innen werden unterstützend beraten, wie sie ihre Selbstlerneinheiten organisieren können. Potential für den Einsatz digitaler Medien sieht Thilo da, wo es um die „Auslagerung" bestimmter statischer Themen geht:

> „natürlich gibt es Themenbereiche, die sich ins Internet bringen lassen [...] so langweilige Sachen wie rechtliche Aspekte [...] das muss man ja nicht unbedingt versuchen als Trainer in aufgelockerter Form den Teilnehmern beizubringen" (Z. 245 ff.).

In Thilos Weiterbildungsinstitut wird derzeit über die Einführung von Moodle als Lernmanagement-System diskutiert (Z. 220 f.). Neben der Ablage von Informationen sollen Online-Meetings eingerichtet werden, in denen die Teilnehmenden zu einer festen Zeit auf die E-Learning-

Plattform kommen und mit Trainer*innen kommunizieren. Diese Treffen sind als Begleitung und Unterstützung gedacht:

> „und deshalb überlegen wir eben gerade also synchrone Dinge mit einzubauen, […] in denen man dann Dinge bespricht, das Seminar mit begleitet. […] Dinge kursbegleitend zu besprechen oder auch Inhalte zu vermitteln" (Z. 260 ff.).

Insgesamt ist Thilos Haltung E-Learning gegenüber ambivalent:

> „macht übrigens auch Spaß, ne, diese ganze Geschichte. Was die Wirksamkeit angeht, […] da bin ich noch ein bisschen skeptisch" (Z. 306 ff.).

Die Skepsis gegenüber digitalen Formaten begründet Thilo auch mit eigenen Erfahrungen als Lernender im E-Learning:

> „Ich persönlich kenn's auch, hab's schon sehen können, ich muss Ihnen gestehen oder will Ihnen gestehen, ich halte da nicht so viel von. Also da steht jemand, erzählt was zu Folien, die am Bildschirm dann eben ja durchgegangen werden und die kann man sich dann auch herunterladen und dann gibt es noch ne Beispiel-Klausur […] und das war's dann gewesen" (Z. 234 ff.).

Der Druck, digitale Medien in der Weiterbildung einzusetzen, wird aus Thilos Sicht durch Diskussionen in den Medien erzeugt:

> „aus irgendwelchen Gründen ist das Thema über die Presse die letzte Zeit so hochgekocht, dass da jetzt alle auf einmal draufspringen" (Z. 302 f.).

Thilo berichtet von einem Kollegen, der als externer Weiterbildner von der Jahrestagung eines Konzerns die Forderung mitnahm, dass

> „20% der Inhalte in Zukunft über E-Learning vermittelt werden müssen: wer's nicht macht, der bleibt draußen" (Z. 300 f.).

Selbstorganisiertes Lernen

Das selbstorganisierte Lernen der Kursteilnehmer*innen wird von Thilo durch Beratung, Bereitstellung von Materialien und die explizite Offenheit von Lernwegen unterstützt:

> „Das übrigens machen wir natürlich auch, dass wir jeden Tag darüber diskutieren und Tipps und Hinweise geben, in welcher Weise man jetzt nun, vor diesem Berg von Stoff stehend, dann das Selbstlernen organisieren kann. Dann geben [wir] unsere Erfahrung wieder, auf welche unterschiedliche Art und Weisen das passiert, also es ist auch keine Pflicht zum Beispiel das dicke Buch zu lesen also [...] die Leute können sich auch im Internet orientieren oder kleinere Bücher, die wir empfehlen, im Literaturbereich nutzen oder auch einfach da hingehen, die Vorträge genießen und mitmachen" (Z. 590 ff.)

Daran anknüpfend spricht Thilo von einem 70-30-Modell, demnach 70% des Lernens über interaktives „Machen" (Z. 703) erfolge und 30% über klassisches „Lernen" (ebd.). Ein didaktisches Element für die Selbstlernphase sind „Lernkarten" (Z. 614 ff.) – diese existieren derzeit in Papierform, werden aber jetzt auch in eine App übertragen.

Beim Thema Effizienz kommt Thilo auf die Rahmenbedingungen der Erwachsenenbildung zu sprechen. Der enge zeitliche Rahmen während der Präsenzphasen begrenze den sinnvollen Einsatz von Selbstlerneinheiten, schließe aber nicht aus, dass hier didaktisch mehr möglich wäre:

> „naja, wir sind im Bereich der Erwachsenenbildung und da muss man immer aufpassen, da muss ja die wenige Zeit, die wir miteinander haben, sehr gut nutzen und, ja, müsst ich mal überlegen, was man da machen könnte" (Z. 715 ff.).

Pädagogisches Selbstverständnis

Die Abwägungen zum E-Learning verdeutlichen, dass Thilo Neuem gegenüber offen ist. Für ihn steht das pädagogische Konzept, also die

Frage, wie welche Inhalte am besten vermittelt werden können, im Zentrum der Überlegungen. Er informiert sich auch durch Selbstversuch über den State of the Art und sucht nach Lösungen, die für seinen Zusammenhang angemessen scheinen. Auch für seine Rolle als Geschäftsführer sind sein pädagogisches Selbstverständnis und seine umfassende Lehrerfahrung prägend.

Thilo benennt unterschiedliche Lerntypen, auf welche er in seinen Kursen trifft:

> „meine Einschätzung: manche nutzen´s, manche nutzen´s nicht und gut, dass so vieles da ist" (Z. 627 f.).

> „es hängt vom Teilnehmer ab: was sind das für Lern-Typs. […] Bücher, Folien, Gruppenarbeiten, Transferarbeiten schreiben - da gibt's auch Leute, die machen das gerne und da gibt's Leute, die kriegen das irgendwie hin, dass sie da sich rausziehen, ja, und andere das für sie machen" (Z. 559 ff., auch Z. 274 ff.).

Die Vielfalt der Teilnehmenden sieht er als Anlass, ein breites Lernangebot und Lernberatung bereitzustellen und Offenheit für verschiedene Lernwege zu signalisieren. In diesem Sinne würden digitale Medien als zusätzlicher Lernweg in Betracht kommen, ohne dabei anderes zu ersetzen.

Reflexion

Thilo erscheint uns als reflektierter und erfahrener Trainer in seinem inhaltlichen Fachgebiet Projektmanagement. An vielen Stellen des Interviews wird deutlich, dass er mit der didaktischen Konzeption und Durchführung von Kursen in der Erwachsenenbildung sehr vertraut ist. Eine zentrale Annahme zieht sich dabei durch seine Antworten: Teilnehmende in der Erwachsenenbildung seien unterschiedlich, d.h. es gibt unterschiedliche Wege und Kanäle, wie Menschen lernen. Daher plädiert er für offene Lernwege und redundante Zugänge. Diese Einsicht spiegelt sich auch in seiner Haltung zu digitalen Medien wieder: manche Lernende nutzen sie und können damit besser lernen, andere Lernende nicht. In der Konsequenz müsse man verschiedene Wege parallel anbieten.

In Thilos Ausführungen zur Digitalisierung wird ein klassisches Verständnis der Möglichkeiten Digitaler Medien deutlich: Lernmanagement-Systeme mit Webinaren und Lernvideos gehören zu den ihm bekannten und bedenkenswerten Angeboten, ebenso Apps. Dabei gehen seine Vorstellungen dahin, bisher offline umgesetzte Einheiten durch digitale Formen ähnlicher Art zu ersetzen: z.B. einen Vortrag oder Gruppendiskussion, die bislang im Seminarraum stattfanden, zukünftig (auch) online zu ermöglichen. Bei der Reflexion dieses Interviews stießen wir als Forschungsteam auf das SAMR-Modell von Ruben R. Puentedura. Das SAMR-Modell kann als Heuristik verwendet werden, um pädagogische Entscheidungen zum Einsatz digitaler Medien zu begründen, denn es hinterfragt, wozu eigentlich ein technisches Tool genutzt werden soll. Es unterscheidet vier Ebenen:

So könnte die Förderung der Interaktion mit digitalen Medien neben der Übertragung von (Profil-) Bild und Ton in Online-Meetings auch
-     als Zusatz die Öffnung weiterer Kommunikationskanäle enthalten (Chats, mehrere geteilte Bildschirme),
-     im Sinne einer Veränderung neue Aufgaben/ Themen beinhalten, die online besprochen werden,
-     im Sinne einer Neudefinition den Anschluss an thematische Online-Communities z.B. bei Twitter öffnen.

Das SAMR-Modell fordert nicht, dass der Einsatz digitaler Medien immer auf möglichst elaborierter Ebene zu erfolgen habe, er öffnet aber u.E. den Blick für andere Möglichkeiten des Einsatzes digitaler Medien.

Ein weiterer für uns interessanter Aspekt des Interviews ist der Rahmen, in dem Weiterbildungen im Projektmanagement stattfinden: es gibt offensichtlich eine aktive Community von in einem Verbund zertifizierten Trainer*innen, die sich zum Austausch zusammenfindet (Z. 790). Diese Community hat einen gemeinsamen inhaltlichen und didaktischen Rahmen und entwickelt diesen weiter. Dabei seien, so Thilo, ca. 120 Trainer*innen in verschiedenen Fachgruppen aktiv – E-Learning sei z.B. aber noch kein zentrales Thema. Wir haben es hier offensichtlich mit einer cross-organisationalen Community of Practice zu tun, die gemeinsam lernt, sich weiterentwickelt und gemeinsam Standards setzt. Innovationen können durch so eine Community befördert, aber auch (und aus guten Gründen) gebremst werden.

Literatur

Puentedura, Ruben R. (2012). Focus: Redefinition. URL: http://hippasus.com/blog/archives/68

Zum SAMR-Modell finden sich im Internet viele weitere gute Erläuterungen. Eine davon:

http://forschungsstelle.appmusik.de/theorie-der-praxis-samr/

Thematisiert wird das Modell auch in:

Hunter, Jane L. (2015). Technology integration and high possibility classrooms. Building from TPACK. New York: Routledge

Ein alternatives, von uns formuliertes Modell zur Begründung digitaler Medien in Lernsettings ist IM FLOVV:

https://www.lernen-neu-denken.de/2018/08/06/reflexionsfragen-zum-einsatz-digitaler-medien-im-flovv/

Fallvignette 13: Bernd - „wenn ich bestimmte Effekte erleben will, dann muss ich [sie] auch lebsam machen"

Hintergrund

Bernd ist Erwachsenenbildner und in verschiedenen Bereichen tätig, auch als Trainer und Berater in einem Weiterbildungsinstitut, das er gemeinsam mit einem Partner führt. Das Unternehmen bietet zertifizierte Kurse für Projektmanagement auf unterschiedlichen Ebenen an. Die Kurse finden sowohl In-House wie auch an verschiedenen deutschlandweiten Standorten statt. Zusätzlich gibt es ein Programm, das als Online-Video-Training konzipiert ist. Für diesen Kurs kooperiert das Unternehmen mit einem professionellen Anbieter und Produzenten von Online-Video-Kursen. Die Kurse richten sich an Teilnehmende aus allen beruflichen Branchen, in denen Projektmanagement, Führung und Coaching eine Rolle spielen. Die Zielgruppen sind sowohl Berufseinsteiger*innen, langjährig Beschäftigte, Führungskräfte als auch interessierte Quereinsteiger*innen. Dadurch sind die Gruppen zumeist heterogen hinsichtlich Beruf, Alter und Interessen.

Didaktisches Setting, Einsatz Digitaler Medien und selbstorganisiertes Lernen

Die angebotenen zertifizierten Kurse sind modular aufgebaut und folgen einem standardisierten Curriculum (Z. 112), welches auch strikt inhaltlich eingehalten wird. Bernd unterscheidet zwischen Pflichtübungen, Vertiefungsübungen, Ergänzungsübungen und „Nice-To-Have" Übungen (Z. 118). Innerhalb der verschiedenen Kurse spielt der Einsatz Digitaler Medien eine unterschiedlich große Rolle.

Einer der angebotenen Kurse ist

> „als vier Tages-Schulung, 2x2 Tage mit einer anschließenden Prüfung [buchbar], das gibt's aber auch eben halt als ne reine digitale, auf Videos und Übungen basierende [...] Web-Lösung. Also das gibt's auch als E-Learning-Komponente, sozusagen,

und das wird auch durchaus von Großfirmen genutzt" (Z. 278 ff.).

Der Online-Kurs wurde gemeinsam mit einem externen Anbieter für web-basierte Kurse produziert. Sämtliche Inhalte zum Kurs kommen von Bernds Weiterbildungsinstitut. Die Produktion, die Bereitstellung und der Verkauf sind an den externen Anbieter ausgelagert:

> „[das] ist ein professioneller Anbieter, [...] 'ne Plattform, wo man sich Videos anhören kann, angucken kann [...]. Und dazu gibt es aber auch eben, nicht in jedem Fall, aber sehr häufig, sozusagen Übungen, wo man nochmal [...] das Verständnis klären kann. Das heißt, es gibt Übung und Lösungsteil [...] und man kriegt dann angezeigt: ist das richtig und wenn falsch, [...] was wäre die richtige Antwort und warum ist das richtig, also, dass die [Lernenden] das eben auch verstehen können" (Z. 312 ff.).

Zielgruppe des Online-Kurses sind in erster Linie Firmen, die ihren Mitarbeiter*innen Zugang zu den Lerninhalten gewähren möchten. Es gibt aber auch eine „Kooperation mit mehreren Hochschulen" (Z. 386). Über Klick-Zahlen sowie Teilnehmenden-Feedback werden Daten zu den Kursen erhoben:

> „und wir können da auch eben halt Daten drüber bekommen und das tun wir auch, allerdings dann eben halt auf ner akkumulierten Ebene" (Z. 470 ff.).

> „Die Teilnehmer geben ja auch Feedback und zwar nicht nur über den gesamten Kurs, sondern auch über einzelne Videos" (Z. 480 ff.).

Die Daten dienen als Grundlage, die Inhalte der Lern-Videos anzupassen oder zu erweitern (Z. 487). Bernd spricht im Interview darüber, weitere Kurse zu digitalisieren und dabei selbstorganisiertes Lernen einzufordern (Z. 546 ff.).

Zu Lerninhalten, die digitalisiert werden können, zählt Bernd vor allem theoretisches Wissen im Bereich Projektmanagement. Auch jetzt gibt es in den Kursen Selbstlerneinheiten, in welchen die Teilnehmenden sich bestimmte Themen über Literatur oder YouTube-Videos aneignen. Finden die Kurse In-House statt, gibt es zusätzlich einen Büchertisch, auf dem relevante Literatur ausliegt. Zum Lernen mit Büchern äußert sich Bernd wie folgt:

> „Also, warum sind Hörbücher erfolgreicher als Bücher? Also jetzt sozusagen in bestimmten Kontexten, in bestimmten Altersgruppen? Weil es natürlich lebendiger [...] ist als eben halt das Buch lesen, ne, und ein Video zu sehen ist natürlich [...] einfacher als eben tatsächlich das Wissen in Form eines Buches aufzunehmen, das ist immer für uns leichter zu konsumieren" (Z. 830 ff.).

Es geht ihm bei der Digitalisierung also um eine didaktische Aufwertung der Lernmaterialien, mit denen die Teilnehmenden lernen sollen. Allerdings räumt Bernd ein, dass er die Erfahrung gemacht hat, dass die Teilnehmenden oft gar nicht eigenverantwortlich tätig werden. Er berichtet von seinem letzten Kurs, in dem sich die Teilnehmenden zur Vorbereitung Videos ansehen sollten und letztendlich weniger als 20 % dieser Aufforderung tatsächlich nachgekommen seien:

> „So und das, das ist so ein Punkt, wo ich dann sage: Super! Also des... Wenn Sie sowas machen, dann müssen Sie auch erreichen, dass sie wirklich auch diese Übung gemacht haben, und dann müssen Sie auch sagen: entweder ihr habt sie jetzt gemacht [...], also ihr habt sie online vorher gemacht, dann könnt ihr an dem physischen Teil teilnehmen - oder ihr kommt hier nicht rein" (Z. 586 ff.).

Die fehlende Vorbereitung bringt Bernd mit einer schlechten Selbsteinschätzung der Teilnehmenden in Verbindung: sie hätten sich nicht vorbereitet, weil sie dächten, sie wüssten das zu Vermittelnde schon. Diese falsche Selbsteinschätzung der Teilnehmenden habe auch dazu geführt, dass die einzelnen Projektmanagement-Module nicht mehr auf Basis der eigenen Einschätzung gebucht werden können:

> „Das hat zu einer Regeländerung geführt, dass wir ganz klar sagen: wir lassen niemanden mehr zu, der nicht mindestens eine Druckbetankung [einen Crash-Kurs] von uns bekommen hat [...] [oder] den [vorgelagerten] Kurs nachweislich gemacht [hat] [...], ja, ansonsten dürfen sie nicht an unseren Aufbaukursen teilnehmen" (Z. 614 ff.).

Die Überführung des gesamten Weiterbildungsangebotes in online-basierte Kurse hält Bernd nicht für sinnvoll, da dies „immer nur mit Verlust der Qualität dessen, was [...] in der Ausbildung drin [ist]" (Z. 556 f.) geschehe. Vor allem ließen sich „nicht alle Übungen gleichermaßen transferieren" (Z. 536 f.). Bernd argumentiert, dass gerade durch Rollenspiele Situationen und Gefühle aus dem Arbeitsalltag (z.B. Zeitdruck, Nervosität und Spannungen) in der Weiterbildung didaktisch greifbar gemacht werden können. Dies sei durch Digitalisierung so nicht mehr darstellbar:

> „Bestimmte Dinge können Sie nicht digitalisieren, da müssen Sie eben halt dann überlegen: wie kriege ich Kontext vermittelt, wie kriege ich Zusammenhänge vermittelt?" (Z. 678 ff.).

> „Ja, also, das muss man einfach so nüchtern sagen, also das kriegen Sie nie [...] in einer digitalen Form dargestellt, ja selbst wenn Sie des über ne Webkonferenz oder so was machen [...], das würde nicht funktionieren. [....] Gruppendynamische Effekte kriegen Sie nur hin, wenn die Leute auch wirklich als Gruppe sich physisch treffen" (Z. 509 ff.).

> „Und wenn ich bestimmte Effekte erleben will, dann muss ich [diese] auch lebsam machen" (Z. 730 f.).

Diese Haltung wird im Folgenden erörtert.

Pädagogisches Selbstverständnis

Bernds didaktischer Ansatz der Erwachsenenbildung lässt sich am besten unter dem Begriff des Erfahrungsbasierten Lernens verorten. Er beschreibt seine Kurse und Trainings als „lebendige[s] Lernen" (Z. 51). Darunter versteht er die Kombination von abwechslungsreichen Methoden wie Kurzvorträgen, Gruppen- und Einzelarbeit sowie - für seine Arbeit ein sehr zentrales Instrument - Rollenspielen in Klein- wie Großgruppen. Dabei ist ihm das stetige Besprechen und Reflektieren des Erlebten und Gelernten innerhalb einer Gruppe wichtig. Gerade durch Rollenspiele, wo Menschen physisch miteinander arbeiten, lassen sich, so Bernd, bestimmte „Lerneffekte sozusagen vermittelt spürbar machen" (741 f.). Da kann „plötzlich ein Aha-Effekt" (Z. 756) entstehen und „Lernanker" (Z. 757) können sich bilden. Das Ziel ist aus Sicht von Bernd, dass das Gelernte

> „so wirksam, so nachhaltig in deren Köpfen [bleibt], dass sie sich eben halt auch 10 Jahre danach noch gut dran erinnern" (772 ff.).

Es soll als Blaupause (Z. 253) für das Handeln im Alltag dienen, damit die Teilnehmenden sich z.B. nicht durch Zeitdruck „kopfscheu" machen lassen (Z. 223 ff.). Interessanterweise gibt Bernd an, dass in der Prüfung diese Lernerfahrung nicht abgefragt wird; vielmehr verbleibt die Testung auf theoretischer Ebene.

Reflexion

Bernds Ziel ist, dass die Teilnehmer*innen an seinen Kursen Projektmanagement aus eigener Erfahrung kennenlernen. Darin liege der besondere Gewinn der Weiterbildungen: Die Teilnehmenden sollen nicht nur theoretisches Wissen erwerben, sondern Erfahrungen sammeln. Dieses erfahrungsbasierte Lernen wird durch einen hohen Anteil praktischer Übungen und Rollenspiele gestützt. Diese zentralen Anker in der Weiterbildung lassen sich seiner Meinung nach nur schwer in digitalisierten

Umgebungen abbilden. Bernds Kurse sind kulturbildend in dem Sinne, dass gemeinsame Erlebnisse erzeugt werden, an welche sich die Teilnehmenden lange erinnern. Die Erinnerung an bestimmte Erlebnisse aus den Kursen soll den Lernenden im Berufsleben helfen, schwierige Situationen zu bewältigen und Fehler zu vermeiden (ähnlich wie in der Fallvignette 1 von Florent beschrieben). Dafür werden in den Kursen bestimmte Affekte wie Stress, Zeitdruck oder Nervosität simuliert.

Die bisherigen Online-Angebote von Bernds Weiterbildungseinrichtung scheinen einer Logik des Marktes zu folgen: Gerade für große Unternehmen, so Bernd, ist es auch finanziell attraktiv, auf video-basierte Weiterbildung zu setzen. Ob und in welchem Umfang die Digitalisierung auch das Thema Projektmanagement verändert und damit den Lerninhalt in Frage stellt, bleibt im Interview offen. Ein Vorteil der Digitalisierung im Vergleich zu gedruckten Texten liegt aus Bernd Sicht darüber hinaus in der interessanteren Aufarbeitung des Lernmaterials (Videos statt/ in Ergänzung zu Text). Die hier deutlich werdende nüchterne Haltung steht im Gegensatz zu der Digitalisierungseuphorie wie auch zu dem Diskurs um negative Emotionen und das Internet (Hate Speech, Depressionen durch Facebook, das Internet als Ort zur Inszenierung von Empörung u.a., z.B. Turkle 2011, Lovink 2012, Pörksen 2018). Vielleicht ist das symptomatisch für den Unterschied zwischen dem Lernen in formalen Zusammenhängen und im Informellen, z.B. bei Twitter und YouTube.

Literatur

Lovink, Geert (2012). Das halbwegs Soziale. Eine Kritik der Vernetzungskultur. Bielefeld: transcript.

Pörksen, Bernhard (2018). Die große Gereiztheit. Wege aus der kollektiven Erregung. Hanser.

Turkle, Sherry (2011). Alone Together: Why We Expect More from Technology and Less from Each Other. New York: Basic Books.

Fallvignette 14: Thomas – „Also das größte Problem ist, am Ball zu bleiben"

Hintergrund

Thomas ist Abteilungsleiter bei einem mittelständischen Unternehmen. Nach dem Realschulabschluss absolvierte er eine Ausbildung zum Industriemechaniker und war danach im Beruf tätig, bevor er sich mit Mitte 20 für eine berufsbegleitende Weiterbildung zum staatlich geprüften Techniker entschloss. Diese absolvierte er berufsbegleitend in vier Jahren. Seit seinem Abschluss als staatlich geprüfter Techniker arbeitet Thomas in der Position des Abteilungsleiters und ist damit „momentan auch recht glücklich" (Z. 24).

Selbstorganisiertes Lernen und Selbstverständnis als Lernender

Der Ausgangspunkt für Thomas' Suche nach einer Aufstiegsfortbildung waren die Fragen:

> „Wie geht's weiter? Also dein Leben lang - restliches Leben möchte ich das eigentlich nicht machen – was gibt es für Möglichkeiten? [...] Also [...] schon nach was Höherem gestrebt, sagen wir's mal so" (Z. 13 ff.)

Im Bereich des Handwerks und der Industrie steht, als ein klassischer Schritt, der 'Meister' oder 'Techniker' zur nächsthöheren Qualifizierung zur Auswahl. Thomas entschloss sich für den „etwas allgemeineren" (Z. 276) staatlich geprüften Techniker. Diesen absolvierte er berufsbegleitend über eine Fernschule. Gegen die Weiterbildung in Vollzeit, die innerhalb von zwei Jahren zu einem Abschluss führt, sprachen aus Thomas' Sicht laufende Kosten wie Altersvorsorge und Versicherungskosten, aber auch die folgende Überlegung:

> „Ja, also diese Art der Weiterbildung ist definitiv nicht für jeden gemacht, hat aber auch ne gewisse Anerkennung, weil's eben vier Jahre sind - in Eigenregie, berufsbegleitend zur Schichtar-

beit, zur Samstagsarbeit und zum Familienleben dann noch nebenbei des zu machen. So hat man´s uns verkauft [...]. Also wenn ich Bewerbungen auf dem Tisch habe und da jetzt drei Techniker sind und ich mich entscheiden müsste, dann hätt´ der, der es in Vollzeit gemacht hat, erstmal gefühlsmäßig einen Nachteil. [...] Vom Abschluss her ist er auf einem Niveau, aber ich weiß, die, die's Teilzeit gemacht haben, die [...] mussten sich definitiv mehr reinknien, die waren engagierter, fleißiger, begabter, wie auch immer, also da gibt´s definitiv bei der Bewertung dann Unterschiede; ist mir auch schon von mehreren Seiten so bestätigt worden (Zeilen 237 ff.).

Die Bereitschaft, vier Jahre lang selbstorganisiert zu lernen, ist aus Thomas' Sicht also Ausdruck von Leistungsfähigkeit – etwas, das er als Arbeitnehmer zu zeigen bereit war und als Vorgesetzter auch schätzt. Früh im Interview kommt er darauf zu sprechen, dass es auch ihm nicht leichtgefallen ist, bis zum Ende an der Weiterbildung teilzunehmen:

„Also das größte Problem ist, am Ball zu bleiben, weil - da kann man sich mit jedem, der diese Form der Weiterbildung wählt... - irgendwann kommt der Punkt wo man sagt: ich hab eigentlich keine Lust mehr, wann ist das jetzt endlich fertig? Oder... Also, da geben dann auch viele auf. [...] Bei mir kam der Punkt auch, aber dann war's halt noch so ein Dreivierteljahr, dann hab ich gesagt: ja komm, das Dreivierteljahr, jetzt hast du drei Jahre gemacht, das jetzt wegzuschmeißen wäre schade. Es ist ja auch ne finanzielle Frage, weil das kostet ja auch ein paar Euros. Und hab dann halt, wie man so schön sagt, den Arsch zusammengekniffen und hab [...] hab das dann fertiggemacht" (Z. 61 ff.).

„Jetzt im Nachhinein sag ich: für mich war´s [...] ein guter Weg mich weiterzubilden und hat mir definitiv auch für meinen jetzigen Beruf was gebracht, weil man einfach auch lernt, sich in einer gewissen Weise zu organisieren und ne gewisse Disziplin muss man da mit sich bringen, um des durchzuziehen" (Z. 361 ff.).

Selbstorganisation ist aus Thomas' Sicht etwas, das durch die Weiterbildung vorausgesetzt wurde und sich durch sie entwickelt hat. Neben dem Durchhalten sieht er die Suche nach einem geeigneten Zugang zum Lernen dabei als zentrale Herausforderung:

> „meinen persönlichen Lerntyp zu finden und dann auch damit zu arbeiten, des war für mich das Schwierigste. [...] Das muss man für sich erstmal finden, weil in den neun, zehn Jahren Schule, da sitzt du auf deinem... da sitzt du drinnen, vorne steht der Lehrer, erzählt dir was, erklärt dir was und du kennst net anders da. Aber dass es auch andere Wege und Mittel gibt, wo ich mir vielleicht leichter tu – das, ja, das kriegt man dann da erst mit" (Z. 320 ff.).

Die berufsbegleitende Weiterbildung war als Blended Learning gestaltet, d.h. es gab Präsenzphasen und Selbstlernphasen, für die jeweils zu Beginn eines Semesters Lernmaterial bereitgestellt wurde. Dieses war in der Regel „ein großer Karton aus unzähligen Büchern oder so Heftern" (Z. 96 f.), Anleitungen und einem zeitlichen Rahmen. Außerhalb der Präsenztermine stand den Teilnehmenden eine telefonische Lernberatung vom Anbieter zur Verfügung. Thomas hat diese allerdings nie in Anspruch genommen.

Im ersten Jahr fand der Unterricht innerhalb der Präsenzphase „jeden Samstag so 8-10 Unterrichtsstunden" (Z. 49) an einem der nächstgelegenen Studienorte statt. Im zweiten Jahr verlagerte sich die Präsenzzeit auf vier Blockeinheiten je vier Tage im Jahr und in eines der größeren „Lernzentren" (Z. 144) des Anbieters. Durch diese Umstellung erweiterte und veränderte sich auch die Zusammensetzung der Lernenden und die Gruppe mischte sich neu:

„wo dann Leute aus verschiedenen Richtungen zusammenkom-
men, also manche Leute hat man schon gesehen und manche
sind wildfremd" (Z. 144 f.).

Vor allem ab dem 2. Fortbildungsjahr gründeten sich, so Thomas, häufig
Fahrgemeinschaften zu den Präsenzterminen, aus denen informelle
Lerngemeinschaften entstanden. Diese Lerngruppen spielen für ihn
eine wichtige Rolle für das Lernen in der Weiterbildung:

„Man tauscht sich natürlich mit anderen aus, aber so der Kern,
hat man immer dieselben Leute, mit denen man sich dann un-
terhält, wie ein Freundeskreis, sag ich mal. Und ja, so kommt
man dann auch über die Runden. Ich glaube als Einzelkämpfer
wäre es schwierig, aber wenn man dann so eine Gruppe mit 4-
5 Mann ist und der eine das eine besser versteht wie ein anderer und das dann dem erklären kann, so dass man es versteht,
das ist auch sehr hilfreich und hat also uns, wir haben uns da
gegenseitig quasi unterstützt" (Z. 124 ff.).

Hier ging es, so Thomas, vordergründig um einen fachlich-inhaltlichen
Austausch und weniger darum, wie methodisch selbstorganisiert gelernt werde. Dabei war es für unseren Interviewpartner vor allem wichtig, theoretische Lerninhalte aus dem Selbststudium und den Blockpha-
sen, die außerhalb des eigenen Erfahrungs- und Anwendungsbereichs
liegen, mit anderen Teilnehmenden zu diskutieren und möglichst konkrete Anwendungsbeispiele zu finden. Hauptzweck war dabei, das Gelernte zu reflektieren und das eigene Verstehen und Lernen zu überprüfen, denn

„dann geht es natürlich im Nachhinein auch [darum]: okay, jetzt
weiß ich auch, was ich da überhaupt gelernt hab - oder ich weiß
immer noch nicht warum ich das gelernt hab, aber ich brauch'
es ja in der Prüfung" (Z. 198 ff.).

Thomas beschreibt, dass er in der Weiterbildung „immer von Prüfung zu Prüfung gearbeitet" (Z. 101 f.) habe. Die Relevanz des Gelernten wird aus seiner Sicht erst deutlich, wenn man dank des Zertifikates die erhoffte Leitungsposition eingenommen hat:

> „Also in diesen vier Jahren lernt man viele Sachen, die man dann auch schnell wieder vergessen kann, die man einfach nur für die Prüfung braucht, weil im Endeffekt kristallisiert sich dann raus im späteren Arbeitsleben, was man von dem Gelernten braucht oder auch nicht [...]. Also man lernt erstmal alles, man macht seine Prüfung und was man davon dann am Ende braucht entscheidet dann mehr oder weniger die Position, die man dann am Ende bekommt oder die man sich dann am Ende raussucht (Zeilen 191 ff.).

Das Gelernte wirkt wie ein Fundus, aus dem die Teilnehmenden an der Weiterbildung schöpfen können, um anzukommen und in einer Position wirksam zu werden – sie lernen, vergessen vielleicht die Details, greifen bei Bedarf wieder auf:

> „In manchen Positionen, wenn dann einer kommt, der vielleicht das Ganze studiert hat und dann irgendwelche Fachbegriffe um sich schmeißt, sei's jetzt in der [...] Projektierung irgendein Ishikawa-Diagramm, und dann muss man erstmal schauen: ja, gut, hab ich schon gehört, aber welches von den fünf Diagrammen, die ich jetzt gelernt hab, ist das jetzt und was ist der Hintergrund?" (Zeile 220 ff.).

Nach seinem Abschluss zum staatlich anerkannten Techniker stieg Thomas zum Abteilungsleiter auf, wodurch er neue Aufgaben zu meistern hatte, u.a. übernahm er die Verantwortung für die betriebliche Ausbildung. Daher besuchte er Kurse zur Ausbildungsleitung und ein Seminar für Führungskräfte (Z. 444 ff.). Er informiert sich außerdem regelmäßig bei der IHK über relevante Kurse in seinem Bereich. Thomas nutzt seine Unterlagen aus der Weiterbildung, um bei Bedarf etwas nachzuschlagen, und im selben Sinne recherchiert er im Internet z.B. in Fremdsprachen-Lexika (s. auch unten).

Als positives Beispiel für berufliche Weiterbildung nennt Thomas das Seminar für Führungskräfte, da dort der Erfahrungsaustausch mit anderen Abteilungsleiter*innen möglich war:

> „Wenn man sein persönliches Teil mit einbringen kann, [...] find ich wichtig und auch sehr gut, weil man dann einfach anhand von einem persönlichen Erlebnis, nenn ich´s jetzt mal, sei´s jetzt privater oder arbeitstechnischer Natur, einfach die Meinungen und Erfahrung von anderen noch sich einholen kann oder hören kann" (Z. 502 ff.).

Dabei ist es für Thomas wichtig, dass der Erfahrungsaustausch unter den Teilnehmenden didaktisch gesteuert ist und erst gegen Ende eines Kurses oder einer Sinn-Einheit, wenn ein gewisses Vertrauensverhältnis zwischen den Teilnehmenden aufgebaut wurde, stattfindet:

> „dann kann ich mich etwas mehr öffnen, kann vielleicht auch ein paar mehr Details raus lassen oder wie auch immer" (Z. 522 ff.).

Umgang mit digitalen Medien

Thomas nutzt YouTube und das Internet im Allgemeinen, um gezielte Fragen und Sachverhalte zu recherchieren (Z. 677 ff.). Innerhalb der Abteilung und auch bei der Organisation der Ausbildung spielt das Internet eine untergeordnete Rolle. Thomas begründet das so:

> „weil es ist einfach ein Handwerksberuf und da ist es Learning by Doing, sag ich immer, [...] ich muss einfach gewisse Sachen einfach mal gemacht haben und auch üben, damit ich das kann" (Z. 644 f.).

Als didaktisch reizvoll beschreibt er dennoch den Einsatz von digitalen Simulatoren zur Vermittlung von Arbeitsprozessen. Dabei bezieht er sich auf eine Erfahrung bei einer Messe, auf der ein Schweißsimulator vorgestellt wurde:

> „also des auf jeden Fall was, wo in der Ausbildung wahrscheinlich auch viel bringt, so praxisnah, aber vielleicht dann doch am Simulator, dann in die Richtung, dass man was macht und dann auch gleich ein Feedback dazu kriegt. Doch, also das fand ich eine coole Geschichte" (Z. 948 ff.).

In Anlehnung an seine eigene Erfahrung in der Ausbildung, in der Lerninhalte mit kleinen Videos mit Praxis- und Fallbeispielen angereichert wurden, kann sich Thomas auch ergänzenden Videoeinsatz vorstellen – zum Beispiel als Azubi-Projekt:

> „ein Handy kann jeder bedienen, [...] alle Azubis haben ein Smartphone; wenn ich dadrauf baue oder auch gewisse Anwendungen in die Richtung treibe, ist das auf jeden Fall hilfreich" (Z. 687 ff.).

Darüber hinaus sieht Thomas im systematischen Einsatz digitaler Medien eine Chance für Marketing: Ein guter und sichtbarer Internetauftritt des Betriebs sei sehr hilfreich, um Auszubildende und Fachkräfte auf das Unternehmen aufmerksam zu machen und zur Bewerbung zu motivieren (Z. 800 ff.).

Reflexion

Das Interview mit Thomas bot uns u.a. spannende Einblicke in die klassische berufliche Aufstiegsfortbildung, die berufsbegleitend mit einer Mischung aus Präsenzterminen und Selbstlernzeiten anhand vorbereiteter Materialien erfolgt. Bei der Reflexion dieses Lernarrangements, das eine große Verbreitung findet, bewegten uns im Anklang an die von Thomas erwähnten Herausforderungen (s.o.) vor allem Fragen zur Lernunterstützung:

- Wie kann eine Lernbegleitung eingerichtet werden, die auch genutzt wird?
- Wie helfen Weiterbildner*innen in solchen Settings Lernenden dabei, ihren „Lerntyp", also einen guten persönlichen Zugang zum Lernen zu finden?
- Wie wird bei Sinnkrisen im Lernprozess unterstützt, um Abbrüche zu verhindern?
- (Wie) wird Austausch zwischen den Lernenden unterstützt?

Auf der Suche nach Antworten fanden wir in der Literatur und im Austausch mit anderen Projektgruppen kaum empirisch umgesetzte Beispiele für gelungene Lernbegleitung (vgl. Forneck und Springer 2005, S. 95). Thilo (Fallvignette 11) und Monique (Fallvignette 7) berichten, dass sie die Lernenden oder Interessierten über Zugänge zum Lernen beraten, wobei Themen wie Lernzeiten und –freiräume eine wichtige Rolle spielen. Im Projekt SELBER (Forneck und Springer 2005) wurde ein Konzept für Lernbegleitung entwickelt, das, theoretisch auf Arbeiten von Foucault, Pätzold u.a. fundiert, methodische und fachliche Beratung, Prozess- und Zielorientierung verbindet. Dieses Konzept wurde jedoch nur in Teilen umgesetzt (ebd., v.a. 157 f.). In der Literatur sind „Lerntypen" als Unterstützung zum Finden eines Lernweges immer noch verbreitet, obwohl sie als Konzept wissenschaftlich bedenklich sind (Looß 2001). Interessant fänden wir Forschung zu der Frage, ob durch Eigenmotivation entstandene Formen der „Peer-Lernbegleitung" (wie die von Thomas berichteten Fahrgemeinschaften) didaktisch nützlicher oder problematischer sind als durch die Weiterbildenden (nach bestimmten Kriterien) zusammengestellte Lerngruppen.

Zu denken gab uns auch Thomas' Hinweis auf den Faktor Zeit in der Weiterbildung: Einerseits im Schillern zwischen Vorhalten und Vergessen des Lernstoffes, andererseits im Hinweis auf die Passung der Techniker-Weiterbildung zum Leben:

> „Es sind junge oder ältere [Teilnehmende], aber ich sag mal so, die Schicht zwischen 30 und 40, die ist sehr dünn, das sind dann

[...] das sind dann irgendwelche Junggesellen, die noch zuhause wohnen, die nicht wissen, was sie machen sollen so ungefähr (lachen); die halt Zeit und Lust [haben], dann sowas zu machen" (Z. 397 ff.).

„Was auch noch ein Thema ist für diesen Blockunterricht ist dann natürlich Urlaub: Muss man natürlich Urlaub nehmen und da gibt´s auch Firmen, die stellen einen frei, dann hat man [...] zu seinen 30 Tagen Urlaub nochmal 10 Tage, wo man freigestellt ist, dann geht´s. Aber wenn man eh nur 26 Tage Urlaub hat und davon, ja, 12 Tage [...] für die Schule braucht und dann noch die paar Brückentage rein rechnet, bleibt noch eine Woche zur freien Verfügung übrig, wo halt auch mit reinspielt, wo vielleicht auch net jeder mit einverstanden ist oder wo auch ein Punkt sein könnte. warum dann Leute auch [...] abbrechen (Z. 421 ff.).

Das wirft die Frage auf, ob der Zeit-Klops Technikerweiterbildung nicht anders gedacht werden könnte, z.B. als berufsbegleitende Reflexion von Menschen, die schon in der entsprechenden Position angekommen sind. Das würde den zu lernenden Stoff schmälern, die Reflexion von Erfahrungen ins Spiel bringen und durch die Beachtung des Faktors Zeit vielleicht auch mehr Fairness in der Bildungsbeteiligung ermöglichen. Mit dieser Frage wollen wir nicht der puren verwertungsorientierten Effizienzsteigerung von Weiterbildung Rechnung tragen, sondern vielmehr die Idee des Lernens als Prozess befördern:

„Die Möglichkeit, in Lernprozessen das Selbstverständliche fraglich werden zu lassen [...] unter der Vorstellung, dass Lernprozesse nicht voraussetzungslos sind, sondern Unbekanntes an Bekanntem und umgekehrt erfahren wird, verursacht Irritationen, in denen Lernbereitschaft und ‚Offenheit für Zukünftiges' überhaupt erst entstehen [...]. Darin entfaltet Lernen seine (zeitliche) Eigenwilligkeit" (Schmidt-Lauf 2010, S. 362).

„Es geht um den Gedanken oder die Idee eines Sich-Verlieren-Könnens in Zeiten des Lernens, ohne ständige Nötigung einer zukünftigen Verwertbarkeit oder rationalisierenden Anlagerungen an andere Tätigkeiten" (ebd.).

Literatur

Forneck, Hermann J. und Springer, Angela (2005). Gestaltet ist nicht geleitet – Lernentwicklungen in professionell strukturierten Lernarchitekturen. In: Peter Faulstich, Hermann J. Forneck, Petra Grell, Katrin Häßner, Jörg Knoll, Angela Springer (Hrsg.). Lernwiderstand – Lernumgebung – Lernberatung: Empirische Fundierungen zum selbstgesteuerten Lernen. Bielefeld: Bertelsmann, S. 94-163

Looß, Maike (2001). Lerntypen? Ein pädagogisches Konstrukt auf dem Prüfstand. Die deutsche Schule, 93 (2), 186–198. Online: www.ifdn.tu-bs.de/didaktikbio/content/personal/documents/looss/DDS_Lerntypen_fuer_OECD.pdf

Schmidt-Lauff, Sabine (2010). Ökonomisierung von Lernzeit: Zeit in der betrieblichen Weiterbildung. In: Zeitschrift für Pädagogik H3, S. 355-365.

Fallvignette 15: Paul – „die Rolle auch nochmal zu reflektieren, dafür ist die Weiterbildung einfach auch sehr sehr gut"

Hintergrund

Paul hat zunächst einen Realschulabschluss gemacht und eine Ausbildung angefangen. Diese hat er nach wenigen Tagen wieder abgebrochen und sein Abitur an einer Gesamtschule nachgeholt. Im Anschluss hat er mehrere Jahre auf Lehramt studiert und das Studium schließlich abgebrochen, um eine Ausbildung als Erzieher zu absolvieren. Mittlerweile arbeitet Paul als staatlich anerkannter Erzieher bei einem öffentlichen Träger; mit 14 Stunden pro Woche ist er zugleich als stellvertretender Leiter (Büro) tätig. Derzeit nimmt er an einer berufsbegleitenden Weiterbildung zum Fachwirt für Kindertagesstätten teil. Die zertifizierte Weiterbildung dauert etwa 400 Stunden, die verteilt sind auf 1,5 Jahre mit Blockwochen und Seminartagen am Wochenende. Hinzu kommen Zeiten für Supervision und kollegiale Beratung, die zur Reflexion der Fortbildung und der praxisbezogenen Arbeit dienen. Diese Weiterbildung war Ausgangspunkt unseres Gesprächs.

Selbstorganisiertes Lernen und Selbstkonzept als Lernender

Pauls Bildungsbiografie liest sich zunächst nicht gradlinig: So gibt es zwei größere Brüche (erste Ausbildung und Studium) in seinem Ausbildungsweg. Spätestens ab dem Studium zeigt sich jedoch sein konstantes Interesse an pädagogischen Themen. Paul erzählt, dass sein Wechsel in die Leitungsposition des Kindergartens durch Unzufriedenheit mit den Zuständen in der Kindertagesstätte motiviert gewesen sei. Er möchte Dinge zum Positiven verändern und sieht sich selbst dazu in der Lage, auch wenn dies ein zeitintensiver und aufwendiger Prozess sei:

> „Ich hab gewechselt und in dem Haus lief es sehr sehr unrund, sag ich mal. Also sehr viele Sachen die nicht, nicht gut funktioniert haben, auch nicht im Sinne der Kinder gut funktioniert ha-

ben, sehr unbegeisterte Elternschaft, so, die halt irgendwie gesagt haben: boah, hier läuft nicht mehr viel außer Betreuung. Und dann hab ich gedacht: joa, das sehe ich eigentlich auch so und eigentlich will ich des gerne auch ändern. Und dann hab ich gedacht: das kann ich, glaub ich, in dem Haus wesentlich besser, wenn ich ja auch mit in der Leitung bin, und das funktioniert ganz gut, langwierig, aber so ist es" (Zeilen 133 ff.).

Den Vorschlag für die Weiterbildung erhielt Paul von seinem Arbeitgeber: Dieser finanziert die Fortbildung und stellt Paul für die Seminartermine frei (Z. 56 f.):

> „Ich bin jetzt seit 1,5 Jahren stellvertretender Leiter in der Kita und dementsprechend kam mein Arbeitgeber auch auf mich zu und sagte, es wäre ganz gut, da noch etwas weiter zu machen, um einfach also die Aufgaben, die einfach nicht in der Ausbildung zum Erzieher vorkommen – hm, Buchhaltung, Management, Personalwesen... Und, ja, einfach so, sich auch mit der Leitungsrolle, die man dann ja auch hat, auseinanderzusetzen" (Z. 103 ff.).

Pauls Lernmotivation zur Weiterbildung resultiert dann auch aus dem Wunsch, sich zum einen persönlich wie beruflich weiterzuentwickeln und zum anderen strukturell seinen Berufsalltag zu verbessern und etwas zu bewirken (Z. 111). Den Prozess des Rollenwandels hin zum Erzieher mit stellvertretender Leitungsposition reflektiert Paul im Interview intensiv:

> „die Rolle auch nochmal zu reflektieren, dafür ist die Weiterbildung einfach auch sehr sehr gut, das war so auch eine der Grundmotivation" (Z. 152 f.).

Das thematisiert er insbesondere in Hinblick auf die pragmatische Trennung der beiden Rollen im Alltag:

„Wenn ich ne Stunde dann bei den Kindern bin, dass ich dann auch wirklich für die da sein kann und mich nicht irgendwie alle zwei Minuten wieder rauszieh. Genauso, wenn ich irgendwie, weiß ich nicht, im Büro arbeite, will ich halt auch nicht andauernd wickeln gehen, weil´s gerade eben niemand anders Lust hat und wenn niemand anders Zeit hat dann mach ich das auch, aber, ja, also das ist so ein bisschen... Dieses Hin- und Her-Switchen nicht ganz so oft machen zu müssen, ist so ein bisschen mein Plan. Da hilft halt auch einfach nochmal so Klarheit zu haben in der Rolle, und so die Rolle der stellvertretenden Kita-Leitung ist relativ schwierig, weil´s halt einfach zwei Jobs sind und du bist halt irgendwie natürlich Teil des Teams, aber auch Teil der Leitung - damit irgendwie nicht so Teil des Teams, ein bisschen eine Zwitter-Rolle. Aber geht ganz gut, also wenn man so ein bisschen Ambivalenzen auch aushalten kann, dann ist das gar nicht so, gar nicht so schlimm. Kann ich! Glaub ich" (Zeilen 603 ff.).

Bezogen auf die Weiterbildung zum Fachwirt Kindertagesstätten illustriert Paul, dass er seine eigenen Lerninteressen gut darin verfolgen kann. Er berichtet, dass es ein festes Kerncurriculum gibt, das abgearbeitet wird, in dem sich jedoch auch thematische Freiräume befinden:

„Es gibt irgendwie ein Referat, was man sich relativ frei aussuchen kann, also wo man sagen kann: ich möchte jetzt irgendwie mal den Kurs und die und die pädagogische Richtung oder zu dem und dem Thema was vorstellen. Da werd ich irgendwie mich ums Inklusive kümmern. Das ist schon selbstmotiviert, weil ich das Thema wichtig finde und dann am Ende gibt's ne Facharbeit, da kann man sich halt auch ein Thema aussuchen, wo man sagt: das interessiert mich besonders. [...] Und ansonsten lern ich, glaub ich, relativ selbstorganisiert, weil ich, ja, mich für bestimmte Themen halt wesentlich mehr interessiere als für andere, die dementsprechend anders gewichte und mich dann natürlich auch anders weiterbilde, also oder anders mich drum kümmer, [...] wie ich mir Sachen durchlese oder auch mit Leuten irgendwie anders ins Gespräch komme" (Z. 337 ff.).

Selbstorganisation und –bestimmung kommt hier zum einen in der freien Wahl des Lerngegenstandes für ein Referat, zum anderen in der Gewichtung von Lerninhalten zum Ausdruck.

Bei der Erarbeitung von neuen Wissensfeldern innerhalb der Weiterbildung sowie in der alltäglichen Arbeit greift Paul oft auf Materialien und Methoden aus dem Studium, seiner Ausbildung und den Fortbildungen zurück. In der Erarbeitung von Inhalten innerhalb der Weiterbildung zieht er oft bewusst eine Verbindung zu seiner Leitungstätigkeit, um die jeweilige pädagogische Praxis oder Fragestellung auf sein Wirkungsfeld zu beziehen:

> „Dann geht [es] irgendwie um Menschenbild und verschiedene pädagogische Grundrichtungen, wie man, wie es in Kitas irgendwie so vertreten sind [...] und da kann man sich nochmal drauf vorbereiten und bewusst dann die Verbindung zur Leitungstätigkeit" herstellen" (Z. 200 ff.).

Paul organisiert seine Lernzeiten bewusst: „meistens am Wochenende oder abends immer nochmal ne halbe Stunde", wenn seine Kinder im Bett seien und keine anderen Dinge anlägen.

In der Aufstiegsfortbildung sind für Paul der Austausch und die Reflexion mit anderen wichtig:

> „macht natürlich auch irgendwie Spaß, sich mit anderen Leuten da in die Auseinandersetzung zu begeben" (Z. 376 f.).

> „der Austausch ist halt gut, also die Hälfte des Kurses oder ein bisschen mehr sind halt auch in einer ähnlichen Lage; [...] sich

da einfach auszutauschen, was macht das eigentlich mit uns? Wie sind die Anforderungen?" (Z. 630 ff.).

Um den Austausch zu intensivieren und zu verankern, gründet Paul derzeit mit anderen Weiterbildungsteilnehmer*innen innerhalb seines Trägers eine kollegiale Beratungsgruppe,

> „das ist halt auch irgendwie ein schöner Effekt, dass da mehrere Leute vom gleichen Träger sitzen, die sich mit den exakt gleichen Problematiken rumschlagen und da natürlich zu anderen, manchmal sehr guten Ideen kommen" (Z. 645 ff.).

Neben der eigenen Selbstbildung und Vernetzung auf kollegialer Ebene sieht Paul seine Verantwortung als Leitungskraft darin, andere Erzieher*innen zu Weiterbildungen zu animieren. Dabei ist es ihm wichtig, explizit auf ihre Weiterbildungsinteressen zu achten und diese ggf. zu fördern:

> „irgendwie kann man auch mal mit der Kollegin ins Gespräch gehen und sagen: so und da hast hier aber auch ein Interesse für, weiß ich nicht, für Bewegung oder für Bücher, willst du nicht irgendwie da dich nochmal weiterentwickeln? Und da gibt's irgendwie 2,3 [Fortbildungen], hast du nicht Lust, daran auch teilzunehmen?" (Zeilen 776 ff.).

Nach dem Lernen außerhalb der Arbeit befragt, stellt Paul klar, dass er Lernen als eine vor allem berufliche Tätigkeit ansieht. In seiner Freizeit lerne er gerne, um „möglichst viele Dinge zu können oder zu wissen", beschreibt das Lernen jedoch nicht als seine „Hauptpriorität" (Z. 245).

Nutzung digitaler Medien

Paul nutzt das Internet selten im Berufsalltag – dann vor allem für Buchhaltung und um informiert zu werden, z.B. über Weiterbildungen. Durch social media kommt er mit anderen in Austausch über die Themen, die ihm wichtig sind: hierfür nutzt er z.B. geschlossene Gruppen bei Facebook. Er recherchiert Texte und Videos zu diesen Themen, aber auch darüber hinaus zur Beantwortung konkreter Fragen im Lebensalltag. Videobasierte Plattformen bieten ihm nur selten Mehrwert bei beruflichen Fragen (Z. 321). In der Arbeit mit den Kindern findet er digitale Medien eher hinderlich, der Einsatz beschränkt sich dort auf das gemeinsame Anhören von ausgesuchten Liedern über YouTube (Z. 420 f.).

Der Anbieter seiner Weiterbildung bietet einen Download-Server an und schickt zusätzlich Materialien per E-Mail an die Teilnehmenden. Der größte Teil wird den Teilnehmenden jedoch in Druckform ausgehändigt (Z. 164 f.). Als einen Vorteil digitaler Medien beschreibt Paul in diesem Zusammenhang das Einsparen von Papier:

> „Es gibt un-unglaublich viele Kopien jedes Mal, auch nicht besonders viel beschrieben, was immer irgendwie dazu führt, dass viel um die ganzen Bäume geweint wird" (Zeilen 161 f.).

Zur Handlungssicherheit im Lernen mit digitalen Medien gefragt, beschreibt Paul sich als kompetent. Er bezieht seine Handlungssicherheit dabei jedoch nicht so sehr auf den Umgang mit digitalen Tools als auf die Beurteilung von Quellen und Informationen im Netz:

> „Ich glaub, die ist gar nicht so schlecht, weil ich, glaub ich so, Quellen einfach irgendwie beurteilen gelernt habe und dementsprechend auch weiß, so, ist des irgendwie Meinung oder ist das irgendwie auch auf ne Art und Weise wissenschaftlich fundiert oder ist die halt auch sehr geprägt von irgendeiner Strömung. Und dann kann man ´s irgendwie, glaub ich, kann ich ´s ganz gut damit auch filtern, was dann davon irgendwie vielleicht so [...] was ich irgendwie gebrauchen kann, was ich auch eher ablehne oder so" (Zeilen 454 ff.).

Insgesamt sieht Paul im Internet eine gute Möglichkeit, sein Wissen aus verschiedenen Bereichen zu vertiefen und gleichzeitig mit anderen in Kontakt zu treten, um so in einen direkten Austausch zu kommen.

Reflexion

Pauls berufliches Leben wirkt stark durch seine Selbstbestimmtheit geprägt. Er ergreift die Initiative, um Missstände zu beheben und motiviert auch seine Kolleg*innen dazu, ihren Interessen nachzugehen und Kompetenzen weiterzuentwickeln. Als Forschungsteam interpretierten wir, dass Paul die Wendungen innerhalb seiner Bildungsbiographie reflektiert hat und sich bei seinen Entscheidungen stark von seinen (Bildungs-) Interessen leiten lässt. Insofern kann Paul als ein Beispiel eines „lebenslang Lernenden" und sich in seiner beruflichen Persönlichkeit Entwickelnden gelten – retrospektiv erscheinen die Brüche im Lebenslauf als konsequenter Ausdruck der Suche nach dem „richtigen" beruflichen Weg.

Interessant war für unser Forschungsteam der Rollenwechsel in seiner Arbeit: Der Aufstieg vom Vollzeit-Erzieher zum Erzieher mit Leitungsanteil erfordert sowohl von Paul als auch seinem Umfeld die klare Trennung dieser beiden Rollen, damit er nicht ständig aus seinen Arbeitsprozessen gerissen wird. Bei der Reflexion dieser Rollen wird er durch eine Fortbildung unterstützt. Die im Interview ausführlich beschriebene Weiterbildung scheint zwar in Bezug auf ihr Lernarrangement über eine reine Seminarreihe hinausgehen – offensichtlich gibt es Selbstlernaufgaben und auch einen Online-Downloadbereich. Die didaktischen Potentiale der Zeiten jenseits der Präsenzen werden offenbar jedoch – wie so oft – nur wenig genutzt (vgl. Alke 2008) und auch die Nutzung digitaler Medien spielt jenseits eines Download-Bereiches kaum eine Rolle. Interessant wäre es, hier die Anbieterseite zu erkunden: gibt es Überlegungen zu einer möglichen Erweiterung?

In Bezug auf die Nutzung digitaler Medien steht Paul auf der Höhe der Zeit und nutzt diese auch selbstverständlich für sein berufliches Lernen. Dabei sind es – wie bereits in anderen Fallvignetten – vor allem soziale Netzwerke, die er produktiv nutzt. Inwieweit er dort nicht nur „Konsument", sondern auch „Produzent" ist, wissen wir jedoch nicht. Paul geht kritisch mit den Digitalen Medien um und hat eine Einschätzung und Haltung zur sinnvollen Nutzung in seinem Beruf.

Literatur

Alke, Marit (2008). Praxistransfer inklusive! Vom Schwachpunkt zum Er-folgsfaktor: Transferphasen gezielt zum Aufbau sozialer Kompetenzen nutzen. Bonn: managerSeminare.

Fallvignette 16: Tim – „Du bist eigentlich immer daran gewachsen, was du gerade für ne Aufgabe hattest"

Hintergrund

Tim ist in der beruflichen Erwachsenenbildung tätig. Im Rahmen des Interviews berichtet er von seiner Lerngeschichte, die - neben viel informellem Lernen - zwei Berufsausbildungen, eine Meister-Qualifizierung und den Erwerb eines berufsbegleitenden Bachelor-Abschlusses umfasst. Ein Leitbild dieser Geschichte lautet aus Tims Sicht: „solange du in der Mitte mitschwimmst, ist alles gut" (Z. 1102 f.). Es zeigt allerdings an verschiedenen Stellen, dass er sich hohe Ziele setzt und an ihnen festhält, dass er selbstbestimmt arbeiten und lernen möchte. Das reflektierte Schillern zwischen sozialen Vergleichen und Berufsethos macht aus Sicht unseres Forschungsteams einen Reiz dieser Erzählung aus.

Lernen lernen

Tim beschreibt sehr ausführlich seine Berufsbiografie und reflektiert dabei seine Lernprozesse und -entwicklungen an den jeweiligen Ausbildungs- und Lebensphasen. Er bettet sein Lernen dabei in seine Sozialisation ein:

> „Also ich glaube, über das Lernen selbst habe ich mir früher nie nen Kopf gemacht. […] Das hat ja auch was mit Sozialisation zu tun: […] Im Elternhaus, wenn das so eher um Fragen geht, die so dein Leben, deine Zukunft betreffen, dann bist du eher – ist man eher so Vater-orientiert und wenn das so um diese alltäglichen Sachen geht immer Mutter-orientiert. Also fragt man dann eher den Vater, wenn es um Schulnoten und so ne Sachen geht und Ausrichtung was man wohl lernen will. […] Mein Vater ist gelernter Landwirt und der sagt immer: solange du in der Mitte mitschwimmst, ist alles gut" (Z. 1100 ff.).

In seinem Rückblick auf die Zeit an der Real- und Berufsschule beschreibt Tim dementsprechend, dass er keinen Leistungsdruck erfahren habe, der ihn dazu gebracht hätte, sich längere Zeit mit dem eigenen Lernen auseinanderzusetzen. Das schulische und (erste) berufliche Lernen sei ihm leichtgefallen: er habe immer Noten zwischen zwei bis drei gehabt:

> „und wenn mal ne 4 zwischen war – war das auch nicht so schlimm" (Z. 21 f.).

> „Ich musste nichts dafür tun, also das hat absolut gereicht" (Z. 64 f.).

Unser Interviewpartner entschied sich für die Ausbildung als KFZ-Mechaniker:

> „Ich bin ja auf dem Hof groß geworden und irgendwie Sachen reparieren, das fand ich gar nicht schlecht, also mein Traumberuf war's nicht, aber ich fand's irgendwie sinnvoll" (Z. 31 ff.).

Das erste Lehrjahr beschreibt er als demotivierend, da die Berufsschulinhalte sehr allgemein blieben und er im Betrieb viele einfache Arbeiten verrichten musste:

> „Weil das war halt auch Mitte der 80er, das war noch anders als heute, da wurdest du von den Altgesellen ganz schön getriezt zum Teil, des war aber üblich und das endete eigentlich darin, dass ich des erste Lehrjahr fast immer nur Autos gewaschen hab und irgendwie so Unterbodenschutz und Hohlraumversiegelung und sowas auch. Also so diese... das, was heute Reifenwechsel üblicherweise ist bei den Auszubildenden, war damals mehr so Pflegearbeiten" (Z. 36 ff.).

Ab dem zweiten Lehrjahr, so Tim, wurde die Aufgabenverteilung besser: In der Berufsschule wurden die berufsspezifischen Themen verstärkt behandelt und in der Ausbildung kamen eigenverantwortliche Aufgaben hinzu, die eine stärkere fachliche Tiefe besaßen und „die mir Spaß gemacht haben" (Z. 54). Nach der Lehre entschied sich Tim, über den 2. Bildungsweg das Abitur an einer Fachhochschule zu erlangen. Als Motivation, diesen Weg einzuschlagen, nennt Tim seinen Bruder, der sein Abitur bereits gemacht hatte und ein Studium anstrebte (Z. 75). An der Fachhochschule erfährt Tim zum ersten Mal, dass sein bisheriges Lernverhalten nicht zum Erfolg führt. Dieses Jahr beschreibt Tim als ein einschneidendes Erlebnis:

> „das war so ein Dämpfer in meiner Vita, so wo ich dachte: ui. Also da bin ich das erste Mal so ein bisschen aufgewacht, dass man tatsächlich auch lernen muss, wenn man manche Ziele erreichen will" (Z. 103 ff.).

Die Erkenntnis erfolgte jedoch zu spät:

> „ich hab's eigentlich erst nach nem halben Jahr geschnallt, dass man was dafür tun muss, wenn man die Schule bestehen möchte: Das hat dann eigentlich nicht mehr gereicht, um das aufzufangen" (Z. 87 f.).

Tim bestand die Fachabiturprüfungen nicht. Er berichtet, dass seine Eltern die Situation als „kein Beinbruch" (Z. 109) bewertet hätten, während ein Lehrer ihm nahelegt habe: „das Potential hast du, du bist einfach nur faul" (Z. 113). Der Interviewpartner entschied sich gegen eine Wiederholung der Fachhochschule und begründet rückblickend seine Entscheidung mit seinem damaligen Alter:

> „da bist du ja gerade 20 [und] da hast du ja auch noch ganz anderen Flausen im Kopf" (Z. 120 ff.).

Er gibt zu bedenken, dass er sich heute der Meinung seines Lehrers anschließen würde.

Im Anschluss machte Tim eine Ausbildung als Kfz-Elektroniker, die, wie er sagt, mehr seinen Interessen und Neigungen entsprach. Der Einstieg in diese zweite Ausbildung sei ein anderer gewesen: Da er bereits einen Gesellenbrief hatte, wurde er nicht mehr als Anfänger behandelt, sondern mit anspruchsvolleren Aufgaben betraut (Z. 130 ff.). Und eine weitere Entwicklung zeigte sich zu dieser Zeit: Die negative Erfahrung an der Fachoberschule wirkten nach und veränderten seinen Umgang mit den Lehrinhalten an der Berufsschule. Statt wie bisher nur den Stoff aus dem Unterricht auf- und mitzunehmen, lernt Tim nun auch zu Hause:

> „weil ich durch meine negative Erfahrung an der Fachoberschule wusste: du musst jetzt vielleicht doch mal ein bisschen intensiver dich mit Themen beschäftigen" (Z. 138 ff.).

Dieser Umstand kam ihm insofern gelegen, als auch die Anforderungen im Fach Elektronik höher waren (Z. 137). Auch die Freiräume in der Arbeit waren in der zweiten Ausbildung höher:

> „weil du an so vielen verschiedenen Fahrzeugen arbeitest, eigentlich. Ich fand´s ein bisschen spannender, zumal du auch rauskommst, Montage-Arbeiten und sowas machst, und das ging halt auch schon alles mehr schon in die Richtung. Du kannst ein bisschen eigenverantwortlicher arbeiten, nicht mehr ganz so, nicht immer so: der Meister sagt dir, was du zu tun hast und so, sondern konntest auch schon ein bisschen selber bestimmen" (Z. 145 ff.).

Selbstorganisiertes Lernen im Arbeitsprozess

In dem Betrieb, in dem er seine zweite Ausbildung abschloss, arbeitete Tim rund 10 Jahre. Er besuchte in dieser Zeit zunächst kurze Lehrgänge, die ihn zu der Durchführung bestimmter Aufgaben legitimierten (z.B. Abgasuntersuchung), und versuchte auch, von seinen Kollegen zu lernen:

> „Du bist ja trotzdem nicht fertig nach so ner Ausbildung, du lernst ja immer dazu und da ging's halt, war's eigentlich hauptsächlich so, dass man durch die Kollegen was gelernt hat. Also das erwies sich aber damals manchmal noch ein bisschen schwierig, weil - das hat sich sicherlich ein bisschen geändert - ältere Kollegen, so, das war ja so 90er, Anfang der 90er dann,

[...] die geben nicht so gern ihr Wissen weiter. Also in dem Betrieb war das ein bisschen so, weil so nach dem Motto: wenn ich dem zu viel beibringe, dann säge ich ja an dem Stuhl, auf dem ich sitze, das war so ne Einstellung bei vielen. Die ham dir also immer was beigebracht, damit sie selber vielleicht auch entlastet sind, damit der die Arbeiten schon mal selbst erledigen kann, aber wenn's so um Prozess-Wissen ging, wo's dann mal so tiefer in die Diagnose oder sowas ging, das ham se dann auch gerne mal für sich behalten. Also das fand ich so ein bisschen blöd, ehrlich gesagt. Also das war in dem Betrieb einfach so, so ne Philosophie, die hat sich da so einfach so eingebürgert. Auch sehr viele Alt-Gesellen und so wenig junge Kollegen, also viel ältere Kollegen" (Z. 170 ff.).

Als Glücksfall erwies sich dabei die Möglichkeit, schwarz zu arbeiten und dadurch auf neue Herausforderungen zu treffen (Z. 200 ff.):

„Anstatt ne Komponente reparieren zu können, hab ich se dann vielleicht lieber getauscht, so nach dem Motto: wenn ich's nicht genau weiß, dann wechsele ich die ganze Einheit, dann wird's schon funktionieren. Fand ich für mich persönlich aber immer unbefriedigend, weil ich immer irgendwie wissen wollte: wie funktioniert'n das jetzt genau und wie kann ich dem Kunden helfen? Und das war eigentlich so das erste Mal, dass ich auch eingefordert habe, dass ich mal ne Weiterbildung brauche. [...] Und hab gesagt: dann möcht ich gerne mal bei den Herstellern auf die Lehrgänge zu den und den Systemen. Wurd' dann auch genehmigt und das hat auch eigentlich viel gebracht, und da war für mich klar, dass diese Hersteller-Lehrgänge Gold wert sind, aus dem ganz einfachen Grund, weil du kein träges Wissen da mitbekommst" (Z. 213 ff.).

In der Folge nahm Tim an weiteren Lehrgängen, auch zu komplexen Themen, teil. Die Begeisterung für diese Kurse führte dazu, dass er sich vorstellen konnte, selbst in der beruflichen Bildung zu arbeiten (Z. 272 ff.). An einer Abendschule machte Tim daher berufsbegleitend für 3,5 Jahre den Meister:

> „Da gab's so zwei Motivationsgründe: zum einen hast du gemerkt, dass Freunde von dir, die den gleichen Beruf gelernt haben, auch schon so mittlerweile auf dem Weg waren, ihren Meister zu machen. Also man will sich auch nicht abhängen lassen, das war das eine, also so ein bisschen Druck. Und das andere war - das haben uns die Trainer halt auch so ein bisschen beigebracht […], die [haben] halt auch gesagt: naja in Zukunft […] werden elektronische Systeme kommen, […] da müsst ihr am Ball bleiben, ihr müsst einfach permanent am Ball bleiben, euch diese Systeme anzueignen. Und also da kam so diese Idee mit der Meisterausbildung, für mich war das… war gar nicht die Frage, ich will Werkstatt-Meister oder sowas werden, aber irgendwie ne Stufe höher zu kommen" (Z. 282 ff.).

Die Reflexion des Lernens wurde in dieser Phase wieder wichtig:

> „Also musste ich schon lernen, damit ich mir diese Inhalte wieder drauf bekomm. Und da hab ich mir damals auch angewöhnt, dass ich so versucht hab, immer so in der Woche mal so einen Abend so ein bisschen das thematisch aufzuarbeiten, was wir da gelernt haben […]. Als dann die Prüfungen anstanden, hab ich das erste Mal […] ne Woche Urlaub genommen und hab mich wirklich ganz intensiv hingesetzt und gelernt, indem ich wirklich die Unterlagen durchgearbeitet hab und des in meinen eigenen Worten aufgeschrieben hab. Und hatte da wirklich so ne richtige kleine Mappe anschließend, die ich selber geschrieben hab, und hab gemerkt, dadurch kann ich mir das wesentlich besser merken" (Z. 327 ff.).

Da er in seinem Betrieb aufgrund von schon besetzen Stellen nicht als Meister tätig sein konnte, hat Tim sich daraufhin durch „König Zufall" (Z. 376) auf eine ausgeschriebene Stelle an einer Bildungsstätte beworben. Dort wurde ein Kfz-Meister gesucht, um die Kfz-Werkstatt mit aufzubauen und die Ausbildung der Lernenden im Bereich Fahrzeugtechnik zu begleiten (vgl. Z. 378 f.). Die neue Arbeitsstelle erwies sich wiederum als Herausforderung:

> „Ich weiß noch, da war ich irgendwie so 2-3 Tage hier, da hat [mein Vorgesetzter] gesagt: [...] übernehmen Sie mal die Kfz-Veranstaltung, ich hab was zu tun. [...]. Da lernte ich dann das Wort Türschwellen-Didaktik kennen, leider sehr sehr früh. Unterm Strich hat's mir aber was gebracht, also ich bin ja nicht untergegangen. [...]. Vielleicht war das auch seine Absicht, so nach dem Motto: du musst da mit rein. Und insofern er hat mich auch ganz gut gefördert, [...] indem er mich halt auch in viele Prozesse mit eingebunden hat, wo er auch hätte sagen können: da brauchst du gar nicht teilnehmen" (Z. 393 ff.).

> „Ich musste mich mit Word auseinandersetzen, mit Excel, ich musste überhaupt mal lernen, Texte zu schreiben, des lernst de als Kfzler jetzt nicht so wahnsinnig. [...] Also das waren schon verdammt viele neue Aufgaben und die musst' ich mir eigentlich, wenn ich des bedenke, schon zum großen Teil selber beibringen. Also das einzige, was dir gegeben wurde, war die Zeit dafür" (Z. 433 ff.).

> „Du bist eigentlich immer daran gewachsen, was du gerade für ne Aufgabe hattest. [...] Da war'n halt unheimlich viele Selbstlernphasen bei und einfach immer nur aus dem... aus der Motivation heraus, dass du gesagt hast: das, was du gerade machen musst, das bringst du dir jetzt bei irgendwie [bei], ne, nicht so auf Vorrat lernen oder so" (Z. 467 f.).

Unser Interviewpartner berichtet, dass er über das informelle Lernen hinaus auch gezielt – und nach seinen eigenen Wünschen – weitere Fortbildungen besuchte, um trotz seiner pädagogischen Rolle fachlich auf dem aktuellen Stand zu bleiben (Z. 443 ff.). Auch lernte er weiterhin selbstorganisiert mit Materialien der Automobilhersteller, an denen er besonders schätzte, dass sie mit Fokus auf je ein spezifisches Thema und auf Funktionalität verfasst sind (Z. 721 ff.). Auch informelle Lernnetzwerke spielen für ihn eine wichtige Rolle (Z. 955 ff.). Als ein berufsbegleitender Studiengang in seiner Heimatstadt angeboten wurde, hat Tim hat nebenberuflich einen Bachelor-Abschluss erworben:

> „Für mich war das sowas wie ne Genugtuung, weil ich […] damals ja mein Fachoberschulabschluss nicht bekommen hab, aber jetzt trotzdem die Chance hatte zu studieren, sogar an einer Uni, das hättest du ja damals gar nicht können, da hättest du ja nur an einer Fachhochschule studieren können. Hab ich so gesagt: ja guck mal, so erledigen sich manche Sachen, ne. Also das war mit ne Motivation, aber natürlich auch irgendwie, um hier ein bisschen mithalten zu können und weil es mich auch inhaltlich interessiert hat" (Z. 516 ff.).

Die Anforderungen des Studiums hat Tim aufgrund seiner Lerngeschichte gut bewältigt. Er kommentiert:

> „Dementsprechend hat mir das eigentlich auch ziemlich Spaß gemacht, bis auf diese rein ingenieurwissenschaftlichen Sachen, die dann wieder so genau das waren, was ich von der Fachoberschule kannte: […] pauken, pauken, pauken, ne, ohne wirklich Sinn und Verstand. Das sind die Grundlagen, die lernt ihr jetzt und fertig. Gut, hab ich gesagt. Da war ich jetzt mittlerweile alt genug für um zu sagen: okay, die Spielregeln kenn ich, diesmal spiel ich sie mit. Ich hab mich dann auch fleißig hingesetzt und gelernt - es geht einfach nicht anders, da ist nix mit

Handlungsorientierung und so weiter und so fort. Das ist einfach nur Bulimie-Lernen, wie man so schön sagt, damit man dann entsprechend den Schein kriegt" (Z. 525 ff.).

„Da haben wir uns relativ viel zusammengesetzt und gelernt, auch in Mathe; [...] Nachmittage getroffen mit Flipchart und gegenseitig die Aufgaben versucht durchzurechnen, zu erklären; [...] ich glaub, das hätten wir sonst auch nicht geschafft [...]. Das haben wir manchmal als störend empfunden, weil wir [...] vom Level her alle relativ ähnlich waren, also entweder wussten wir die Sachen alle oder keiner wusste sie, und da ham wir gesagt: ah, wenn wir jetzt noch einen dabeihätten, der ein bisschen mehr Grips im Kopf hat! [...] Diese Lerngruppe war unheimlich wichtig in dem Zusammenhang, erfordert aber auch ja Motivation. [...] Manchmal [hat] man gesagt: ihr macht ne Projektarbeit und das sollt ihr zu dritt machen. [...] Das waren dann auch so ganz zweckgebundene Lerngruppen, aber auch das kann ganz gut funktionieren" (Z. 915 ff.).

Als Fazit zum Lernen resümiert Tim:

„so merkt man dann irgendwann selber, dass man eigentlich die ganze Zeit immer am Lernen ist. [....] Letztendlich [...] des schönste Lernen ist ja des, des wissen wir ja alle, wenn dich was interessiert. [...] Ich mach zum Beispiel gerne Bogenschießen. Dann interessiert man sich ja automatisch dafür, wie man diese Technik erlernt, was es alles für Bögen gibt, was es alles für unterschiedliche Sachen da gibt und man [...] zieht sich des alles irgendwie rein. [...] Was nützt dir das, wenn dich das inhaltlich nicht interessiert? Wenn du einen Beruf lernst, der dich inhaltlich überhaupt nicht interessiert, nur, weil jemand sagt: du musst jetzt mal was machen! Das wird meistens nicht gut gehen" (Z. 557 ff.).

„Eben dieses Vielfältige, ne, oder eben auch in ganz unterschiedlichen Projekten [...], das ist vielleicht auch ´n stückweit so ne Quintessenz aus meinem Leben. Also ich bin [...] nicht so der Typ, der sich in eine Sache ganz intensiv reinfuchst, sondern ich interessiere mich immer eher so ein bisschen breiter für mehrere Sachen, die dann aber nicht so ganz so tief gehen, [...] das zeichnet mich vielleicht auch einfach so ein bisschen aus. [...] Ich fühl mich [...] am wohlsten da, wo ich so ein bisschen Eigenverantwortung hab und so ein bisschen breiter mich betätigen kann" (Z. 1146 ff.).

Lernen mit digitalen Medien

Schon in seiner Zeit als Kfz-Elektroniker ist Tim mit computerbasierten Lernumgebungen von Automobilteilherstellern in Berührung gekommen:

> „das ist so ein bisschen wie Internetsurfen, also du bist so auf einer Startseite und dann kannst du verschiedene Punkte anklicken. So [...] nach dem Motto, die lassen dir die Freiheit, welchen Lernpfad du erstmal einschlagen willst, aber du verlierst dich immer, weil du dann irgendwann gar nicht mehr weißt, wo war ich denn jetzt? Jetzt hab ich was über das gelernt – geht's da weiter? Wie komme ich denn jetzt wieder zurück? Und was hab ich denn eigentlich bislang gelernt und was nicht? Also das kennt man ja vom Internetsurfen, so, man sitzt da abends vor und verliert sich da im Netz und guckt hier ein Video und da gibt's was zu kaufen und [...] weiß irgendwann schon gar nicht mehr, was man da alles angeguckt hat" (Z. 654 ff.).

Eine weitere Kritik, die Tim an computerbasierten Inhalten formuliert, ist das Fehlen umfassender Antworten und Adaptivität an den Stand der Lernenden:

> „Was mir aber dann eben doch oft auffällt, dass, wenn du Fragen hast, die werden eben nicht beantwortet, also man [hat] witzigerweise immer genau die Frage, die nicht beantwortet wird [...] Weil jeder ja unterschiedliche Vorkenntnisse hat, und was für den einen klar ist, ist für den anderen gar nicht klar, und das, was die sich denn denken, was da zusätzlich noch erklärt wird, ist vielleicht gar nicht das, was du eigentlich gerade brauchst" (Z. 670 ff.)

Dennoch sieht Tim gerade für die berufliche Bildung Vorteile digital gestützter Lernangebote:

> „Gerade, wenn du so in der Fahrzeugtechnik unterwegs bist, [...] gibt [es immer] ein neues System oder eines, was du noch nicht so gut kennst und möchtest wissen: wie funktioniert das? Und dann erst im Groben und dann im Detail. Und dann ist so ´n so´n Computer-Based Training schon ganz gut, sich das beizubiegen. [...] Nimm mal ne Lichtmaschine als Beispiel: wenn du dir das mit nem Buch anlesen willst, wie das Ding funktioniert, dann ist das immer nicht ganz so einfach, weil da steht ein Text, den musst du erstmal begreifen. Dann ist da irgendwo ein Bild, da musst du immer wieder Bezug drauf nehmen, um dir das vorstellen zu können, was da eigentlich passiert. Und dann landest du doch mittlerweile [...] entweder bei YouTube, wo du mal eingibst: Funktion Generator. Und da findest du ganz tolle Videos, wo das auch erklärt wird, wo praktisch ne Animation abläuft und gleichzeitig erklärt einer, was da eigentlich passiert. Und damit kannst du dir das schon ganz gut erarbeiten, so, und das ging früher nur in Präsenzveranstaltungen" (Z. 693 ff.).

Die Gleichzeitigkeit von sprachlicher Erläuterung und Bild sieht Tim im Video oder einer analogen Präsentation dabei als wesentlichen Vorteil gegenüber einem Text an.

Reflexion

Bemerkenswert an Tims Lebenslauf ist ein kontinuierlicher Entwicklungsprozess im Lernverhalten, der durch extrinsische und intrinsische Motive, defensives und exploratives Lernen (Holzkamp 1993) getragen wird. Tim berichtet, dass er zu Beginn seiner Schullaufbahn wenig bewusst gelernt habe. Daran scheiterte er an einem bestimmten Punkt und entwickelte auch stärkere Motive, sich beruflich weiterzuentwickeln, etwa orientierte er sich an seinem Bruder, der Abitur machte; stellte Fragen, die nicht im Betriebsablauf beantwortet werden konnten oder begeisterte sich für eine Stellenanzeige, die eine berufliche Herausforderung bedeutete. Dabei wechselten sich Berufsethos und soziale Vergleiche als Motive ab: Obwohl Tim damit kokettiert, immer nur „in der Mitte zu schwimmen", zeigt sich in seiner Erzählung immer wieder, dass er bestimmte Vorstellungen guter Arbeit hat, die er umsetzen möchte, z.B. indem er eine zweite Ausbildung macht statt sich in seinen ersten Ausbildungsberuf zu fügen oder indem er hinterfragt, wie reparieren statt austauschen ginge. Im Sinne von Schmidt (2009) erfolgt eine Mischung von instrumentellen, habituellen und kognitiven Annäherungen an berufliche Weiterbildung, und die Klarheit, mit der Tim das reflektiert, ist es, was diese Fallvignette aus unserer Sicht besonders bemerkenswert macht.

Tim spiegelte uns wieder, dass er das Lernen in seiner Schul- und frühen beruflichen Laufbahn kaum wahrgenommen habe: erst als Hindernis – nicht genug gelernt zu haben und an der Fachhochschule zu scheitern – wurde es ihm bewusst. Heute ist Tim dazu in der Lage, diesen Prozess des „wie lerne ich eigentlich und warum" zu reflektieren: Das Lernen wurde von einem unsichtbaren Begleiter über ein Hindernis zu einem Ermöglichungsfaktor. Wie u.a. in der Fallvignette 14 (Thomas) wurde deutlich, dass das Lernen Lernen kaum Bestandteil beruflicher Bildung ist, so dass die Lernenden darauf angewiesen sind, selbst Strategien zu entwickeln - oder zu scheitern.

In Bezug auf das Lernen mit digitalen Medien spricht Tim mehrere Facetten an. Zunächst berichtet er von seinen Erfahrungen mit computergestützte Lernumgebungen und ihren Lernchancen durch frei wählbare Pfade und interessante Inhalte einerseits, seinen eigenen Mangel an Übersicht andererseits. Dieser Orientierungsbedarf kann als Teil einer fehlenden Medienkompetenz gedeutet werden, aber auch als Anforderung an Lernprogramme, mehr Meta-Informationen anzubieten: was haben Lernende in der letzten Stunde betrachtet? Wie kann sich das Gesehene zusammenfassen lassen? Wie könnten Lernende aufgefordert werden, selbst Strukturen ihrer Lernreise zu skizzieren, um ihre Metakognition auszubauen? Eine weitere Anregung von Tim ist, Lernprogramme stärker an unterschiedliche Lernbedarfe zu adaptieren. Aus berufspädagogischer Perspektive ist eine solche Annäherung an unterschiedliche Bedarfe der Fachkräfte hoch spannend, setzt sie doch Modelle des Expertise-Erwerbs von Fachkräften voraus. Der Mehrwert digitaler Medien liegt aus Tims Sicht in der einfachen Verfügbarkeit von Präsentationen zu fachlichen Themen, v.a. auf YouTube, wobei er die Gleichzeitigkeit von Bild und sprachlicher Erklärung als wesentliches didaktisches Element hervorhebt. Dabei betont Tim, dass er sich eher kleine, fokussierte, in Hinblick auf das Thema und die Vermittlungstiefe spezifische Lerneinheiten wünscht, wie die Automobil(teile)hersteller jetzt schon anbieten.

Literatur

Holzkamp, Klaus (1993). Lernen - subjektwissenschaftliche Grundlegung. Frankfurt a.M.: Campus.

Schmidt, Bernhard (2009). Bildungsverhalten und Motive älterer Erwerbstätiger als Regulative der Weiterbildungsbeteiligung. In: Hof, Christiane; Ludwig, Joachim; Schäffer, Burkhard (Hrsg.). Erwachsenenbildung im demographischen und sozialen Wandel. Dokumentation der Jahrestagung der Sektion Erwachsenenbildung der Deutschen Gesellschaft für Erwachsenenbildung vom 24. bis 26. September 2009 an der

Hochschule für Philosophie München, der Ludwig-Maximilians-Universität München und der Universität der Bundeswehr München. Baltmannsweiler: Schneider-Verl. Hohengehren, S. 134-143.

Fallvignette 17: Tanja - „Reflexionsimpulse, damit sich die Leute selbst ein gutes System schaffen können"

Hintergrund

Tanja ist seit ihrer Jugend in der politischen Bildung aktiv. Im Lehramtsstudium setzte sie ihr Engagement diesbezüglich fort: sie nahm an einschlägigen Seminaren teil und leitete diese auch. Am Ende ihres Studiums nahm Tanja an einer dreimonatigen Weiterbildung zur Online-Trainerin teil. Diese Ausbildung bietet eine Fachhochschule in Kooperation mit der VHS an; das Seminar erfolgt im Blended Learning-Format (Zeilen 134 ff.). Nach dem abgeschlossenen Studium war Tanja viele Jahre im Projektmanagement für - vor allem gemeinnützige - Organisationen tätig. Daraus entwickelte sich, dass sie „zwischenzeitlich und jetzt wieder als Freiberuflerin aktiv [ist], als Beraterin und Trainerin für Vereine und kirchliche Organisationen im Bereich Methoden, Knowhow, Projektmanagement, solche Themen" arbeitet (Z. 15 f.). Persönlich setzt sie sich nach wie vor stark mit politischen Inhalten auseinander.

Das Interview mit Tanja erfolgte vor dem Hintergrund, dass wir die Erfahrung mit einem E-Learning-Angebot als eine gemeinsame Erfahrungsbasis hatten und dass uns ihre Haltung zu den Themen selbstorganisiertes Lernen und digitale Medien sehr spannend schien. Tanja verfügt über Lehrerfahrung, berichtet im Interview aber vor allem aus ihrer Sicht als Lernende.

Selbstorganisiertes Lernen mit digitalen Medien

Tanja geht im Interview zunächst auf ein E-Learning-Angebot ein, von dem sie weiß, dass auch ein Teil des Forschungsteams es wahrgenommen hatte. Sie konstatiert, dass ihre ersten Erwartungen an den Online-Weiterbildungsanbieter nicht erfüllt worden seien, weil sich im Materialfundus nur Videos und Quizzes befänden – sie hingegen habe mehr erwartet:

„irgendwie auch einen Download-Bereich mit Dokumenten oder eine Vernetzungs-Option oder so, das fehlte sozusagen alles" (Z. 43 ff.).

Mit Blick auf die Videos kritisiert Tanja die für sie fehlende Struktur in der Zusammenstellung der Videos:

„[E]s ist auch nicht deutlich geworden, warum jetzt zu diesen Themen Videos da sind und zu anderen nicht" (Z. 57 f.).

Auch fehlt ihr eine Zuordnung, an wen sich die unterschiedlichen Kurse eigentlich richten und auf welchem Kompetenzlevel diese angeboten werden (Basic, Facharbeiter*innen, Führungskräfte). So habe sie sich gefragt:

„Wer ist eigentlich die Zielgruppe und gehöre ich dazu?" (Z. 49 f.).

„Welche Videos könnten für mich spannend sein?" (Z. 57).

Tanja berichtet, dass sie zwei Lernvideos vollständig anschaute und in „in ein oder zwei, drei habe ich mal reingehorcht" (Z. 58 f.). Zusammenfassend resümiert sie:

„[Da] ist mir dann halt aufgefallen, dass ich die Videos nicht überzeugend fand, also sehr langatmig, sehr lange Videos, keine Untergliederung, nicht klar, was die Themen sind, keine Spul-Funktion. Also das heißt, es waren einfach viele Teile, zumindest bei mir, die ich einfach kannte und natürlich auch als Trainerin kannte. [...] Ich fand die Sprecher, zu einem ganz überwiegenden Teil waren's halt auch einfach nur Männer, wenig ansprechend, relativ reserviert, ja. Also passte für mich und für das was ich spannend gefunden hätte einfach nicht. Technisch war das zwar irgendwie okay wie sie gemacht waren, aber der Rest fand ich war eher so: okay, kommt jetzt gleich nochmal wirklich was Spannendes?" (Z. 62 ff.).

Ähnlich wie bei Tim (Fallvignette 16) klingt in Tanjas Erzählung der Wunsch nach Adaptivität, nach Passung des E-Learnings zur eigenen Expertise durch – entweder im Sinne von Transparenz (für wen ist das?) oder als Möglichkeit, durch Selektion („vorspulen") gezielt das Geeignete zu finden. Das ist ein Kernthema für die Erwachsenenbildung, weil hier oft Expert*innen als Zielgruppe angesprochen sind. Tanja kritisiert auch die visuelle Dominanz von Männern in den Videos.

Im Anschluss an die Reflexion der Videos sinniert Tanja über die Quizze, die ihnen zugeordnet sind:

> „Die Lernfragen, die dann da zum Teil noch in irgendwelchen Dokumenten steckten, fand ich halt echt zum Teil völlig absurd, also zum Teil an den Impulsen und an den Videos vorbei, also einfach andere Sachen drin oder auf einmal so mit so Richtig-Falsch-Kategorien, die dann weder dem Thema noch zum Teil den Videos angemessen waren, also die Videos waren da deutlich differenzierter, was die Ansätze anging" (Z. 73 ff.).

Sie bemängelt, dass der Anbieter in vielen Bereichen die Priorität auf „Patentrezepte" (Z. 86) lege und sehr enge und vorstrukturierte Lösungen durch „Checklisten und Lernfragen" (Z. 93 f.) vorgäbe:

> „Gerade bei diesen Lernfragen und diesen Tests, die man machen musste, um die Zertifikate zu bekommen, hatte man irgendwie so ganz merkwürdige Fragen, wo es sozusagen nur Richtig und Falsch gab und der Kontext überhaupt keine Relevanz mehr hatte – weil man auch keinen Kontext mehr hatte, und das [...] bei so Sachen wie Zeitmanagement" (Z. 80 ff.).

So zielt für Tanja die didaktische Aufbereitung der Quizze nicht auf Bildungsprozesse ab, die sie fasst als „Reflexionsimpulse, damit sich die Leute selbst ein gutes System schaffen können" (Z. 91 ff.). Sie resümiert:

> „Es war so: man lässt das alles in sich reinfließen und [...] in irgendwelchen Checklisten, Vokabeltest wird das dann abgefragt. [...] Ich weiß auch nicht, wie man sich die merken soll,

wenn jemand dann irgendwie so ein Video zum ersten Mal sieht und [...] ein Video nicht super interessant ist, dann guckst du es dir es auch kein zweites Mal an" (Z. 96 ff.).

In Kontrast zu diesem Lernangebot setzt Tanja eine Online-Trainer*innenfortbildung, die sie 2006 machte, um als Trainerin mit digitalen Medien zu arbeiten. Sie beschreibt diese Fortbildung als

„dreimonatige[s] Seminar mit drei Präsenzwochenenden und dazwischen Online-Lernphasen auf einer Online-Lernplattform [...] quasi im Grundsatz her so eine Art großes Email-Postfach" (Z. 136 f.).

Tanja charakterisiert das Lernen hier als „fokussierten Kommunikationsaustausch" (Z. 145): es wurden Arbeitsgruppen zur gemeinsamen Bearbeitung von Aufgaben gebildet, so dass die Teilnehmenden voneinander lernen konnten (Z. 142 f. und 159 f.); dazu gab es gemeinsame Dateiablagen und gemeinsame Dokumentenverarbeitungsmöglichkeiten auf der Plattform:

„Das war sehr sehr interaktiv und mit Sicherheit auch sehr betreuungsintensiv für die Trainerinnen und Trainer" (Z. 147).

Die Rolle der Weiterbildenden beschreibt Tanja wie folgt:

„Die waren sozusagen permanent auch mit anwesend und beobachteten uns im Sinne, wie man auch im Seminar Arbeitsgruppen beobachtet, also nicht, dass man sich ständig überall mit einmischt, aber halt guckt, dass irgendwie alle noch da sind und man sie regelmäßig mit Neuem versorgt. [...] Beziehungsweise, dass man sich einmischt, wenn sie Schwierigkeiten haben oder dass man sie unterstützt, wenn sie sich melden" (Z. 149 f.).

Besonders hebt Tanja hervor, dass sich die Fortbildung an die Zielgruppe Trainer*innen richtete und dadurch „viel Erfahrung und

Knowhow" (Z. 158) schon im Vorfeld bestand. Dieses Vorwissen sei dann in das Seminar geflossen, „sodass wir auch viel voneinander gelernt haben, [das war] sehr sehr hilfreich" (Z. 159 f.) und „grundsätzlich [eine] ziemlich positive Erfahrung" (Z. 155).

Tanja berichtet, dass sie sich oft mithilfe von digitalen Medien weiterbildet: zu Themengebieten, die sie interessieren, informiert sie sich etwa über Videos oder Podcasts; die Inhalte verortet sie als „auf der Grenze zum privaten Bereich" (203 f.). Sie berichtet, dass sie beindruckt sei von der Vielfalt an Inhalten, die im Internet zu finden sei (Z. 205). Dabei zieht Tanja ihre Informationen sowohl aus Online-Communities, in denen sie selber aktiv ist, als auch situativ durch das Surfen im Netz. Tanja beschreibt ihr Lernen im Netz so „wie man auch sonst im Internet tendenziell surft" (Z. 223.f.): Findet sie einen interessanten Podcast- oder Videokanal, guckt sie sich einige Folgen dieser Entdeckung an, insofern zu dazu Zeit hat. Dann gibt es aber auch Phasen, in denen sie sich monatelang nicht damit beschäftigt. Sie vergleicht ihren Internetkonsum mit dem Lesen von Zeitschriften:

> „Wenn man im Café sitzt, du weißt: die Zeitschrift ist gut, dann guckt man auch schneller rein, als wenn man die gar nicht kennt. Und manche hat man abonniert, aber sie stapeln sich trotzdem bei einem Zuhause, bis man das nächste Mal reinguckt" (Z. 228 f.).

Tanja findet ihre Internetnutzung „nicht sehr strategisch", aber „schon so, dass ich Marker setze und manche Sachen auch regelmäßiger angucke" (Z. 233 f.). Soziale Medien – speziell Twitter - nutzt sie dabei insofern, als dass sie die in ihrer „Filter-Bubble" (Z. 246) geteilten Inhalte abruft, wenn sie diese spannend findet. Sie beschreibt den Prozess, wie sie von einem solchen Inhalt zu anderen gelangt:

> „Es gibt eben auch paar Formate, die ich quasi abonniert habe und dann mehr oder weniger regelmäßig auf dem Smartphone einfach direkt abrufe und höre. Und manchmal google ich auch tatsächlich nach Sachen, wenn ich den Eindruck habe: Hey, das

gehört zum Thema. Und natürlich hast du in der Podcast-Community auch, dass die Leute selber über andere Podcasts erzählen und man dann sozusagen von Podcast zu Podcast sich weiter linken kann" (Z. 248 ff.).

Als Beispiel für eine Online-Community bzw. ein Online-Lernumfeld nennt Tanja die Female Future Force Academy. Die Academy bietet ihren Mitgliedern Online-Coaching-Kurse an die, videobasiert, sich mit den Schwerpunktthemen Arbeit und weibliche Lebenswelt auseinandersetzen. Durch den modularen Aufbau der Kurse ist der Einstieg jederzeit möglich:

> „Man beginnt zu einem beliebigen Zeitpunkt, bekommt jede Woche neue Inhalte freigeschaltet oder auch das neue Thema" (Z. 279 f.).

Dabei dauern die

> „Videos pro Woche 20 bis 60 Minuten [...] insgesamt. Die sind meistens noch unterteilt in kleinere Impulse, also meistens [...] nur so 10 Minuten lang. Es gibt eine kleinere Gliederung dazu" (Z. 281 ff.).

Ebenso besteht die Möglichkeit der eigenen Schwerpunktsetzung, indem Videos übersprungen werden oder Zu- und Rückgriffe auf Inhalte jederzeit möglich sind (Z. 273). Konzeptionell sind die Videos so aufgebaut, dass

> „ganz viel selbstreflektorische Aufgaben dabei [sind], wo man sich selber hinsetzt und Sachen für sich aufschreibt. Es gibt zusätzliches Material immer jeweils unter den einzelnen Folgen mit Checklisten oder manchmal auch so Benefits wie irgendwelche Online-Zugänge zu irgendwelchen Persönlichkeitstests oder solche Sachen und manchmal noch zusätzlich verlinkte Artikel. Also es gibt eben auch so einen Bereich von Zusatzinformationen, wenn man in das Thema weiter und tiefer einsteigen

will. Zusätzlich gibt es Webinare und kleinere und größere Events, die sie im Rahmen dieser Akademie machen, für die man sich dann aber gesondert anmelden muss, an denen habe ich bisher noch nie teilgenommen" (Z. 289 ff.).

Neben der Online-Weiterbildung spielt die Vernetzung, sowohl online als auch offline, eine bedeutende Rolle. Neben einer „relativ lebhafte[n] Community" (Z. 310) mit lokalen Gruppen gibt es auch die Community „auf Bundesebene, wo jeder Mitglied werden kann" (Z. 312). Neben den lokalen Gruppen existieren auch thematische Gruppen, in denen sich Menschen zusammenschließen, die aus ähnlichen Kontexten kommen (vgl. Z. 317). Diese Vernetzung ist in der Regel „ein sehr selbstorganisiertes System" (Z. 321):

> „Es gibt so ein bisschen [...] Moderation und Unterstützung von der Akademieleitung, aber wenn die dann wirklich Treffen machen wollen oder sozusagen auch Posts in den jeweiligen Gruppen werden dann eben selbstständig von den Teilnehmerinnen moderiert" (Z. 331 ff.).

Tanja erzählt, dass sie mittlerweile auch bloggt und die aufgebauten Netzwerk-Communities für die Verbreitung ihrer Veröffentlichungen und den Austausch darüber nutzt:

> „in der Regel bewerben die auch meine Artikel dann immer nochmal über Facebook und oder den Newsletter" (Z. 386).

Dabei erlebt sie die Community-Leitung sehr positiv als Menschen, die „Eigen-Engagement von Leuten wertschätzen [und] unterstützen" (Z. 399).

Selbstorganisiertes Lernen ohne digitale Medien

Trotz der sehr positiven Erfahrung ihrer Fortbildung hat Tanja
> „was die digitalen Sachen angeht [...] nie selber digitale oder Blended Learning-Angebote entwickelt oder durchgeführt" (Z. 195).

Zum einen beschreibt sie, dass zum Zeitpunkt ihrer Fortbildung die technischen Lösungen noch sehr beschränkt respektive sehr teuer waren und damit für ihren Gebrauch nicht anwendbar (vgl. Z. 175 ff.). Zum anderen nimmt sie Bezug auf ihre Erfahrung als Lernende und Lehrende:

> „meine eigene Lernerfahrung und auch meine eigene Lehrerfahrung ist, dass Lernen dann sehr gut funktioniert, wenn es mit menschlichen Beziehungen in irgendeiner Form einhergeht. Also entweder mit inspirierenden Persönlichkeiten, die irgendwie einem Dinge beibringen oder eben mit Lerngruppen, wo man eben auch viel voneinander und miteinander lernt" (Z. 418 ff.).

Wichtig ist ihr als Lehrende, keine langen Impulse oder Intros zu geben, sondern dass

> „die Leute selber aktiv werden in irgendeiner Form und im Idealfall miteinander" (Z. 430).

Das sei, so Tanja, digital vermittelt schwer herzustellen

> „und [mit] deutlich mehr Aufwand, [...] als wenn man die Leute in einem Raum beieinandersitzen hat, wo ich einfach die Tische wegräume, damit die irgendwie in Kontakt miteinander kommen" (Z. 432 f.).

Dabei geht es unserer Interviewpartnerin immer darum,

> „die Autonomie von Lernenden dadurch zu stärken, dass die Sachen gut strukturiert und diese Struktur dann transparent gemacht wird, damit die [Teilnehmenden] dazu Entscheidungen treffen können" (Z. 475 f.).

Diese eigenen (Lern-) Entscheidung betreffen die Relevanz der Lerninhalte – Tanja möchte, dass sich die Lernenden immer wieder mit der Frage auseinandersetzen:

„was bedeutet das für deinen Kontext, für dein Leben, für deine Arbeit?" (Z. 507).

„Dafür braucht man den Raum, dass Leute das immer wieder auf ihren eigenen Kontext beziehen können und zwar nicht nur am Ende des Seminars [...], sondern auch in den Seminarinhalten, [um] diese Anbindung an die eigene Lebensrealität immer wieder herzustellen" (Z. 513 f.).

Die Strukturierung und Relevanzsetzung unterstützen damit den Weiterbildungs-Praxis-Transfer.

Reflexion

Für Tanja bedeutet (berufliche) Weiterbildung Selbstreflexion und die Gestaltung eigener Strukturen durch Inspiration. Interaktion mit anderen, der Austausch kann von Erfahrungen ist für sie dabei grundlegend. Tanjas Verständnis von Lernen hat damit Anknüpfungspunkte an den Konnektivismus oder auch an das Bildungsideal von Wilhelm von Humboldt, das Bildung immer sowohl als Prozess des sich Bildens als auch als den Zustand „gebildet sein" umfasst (vgl. Lohmann 2002). Das Subjekt setzt sich demnach reflexiv in Relation zu anderen. Dieses Lernverständnis spiegelt sich auch in Tanjas Lern- und Lehrerfahrung, „dass Lernen dann sehr gut funktioniert, wenn es mit menschlichen Beziehungen in irgendeiner Form einher geht" (Z. 417 f.). Hierunter versteht sie zum Beispiel „inspirierende Persönlichkeiten, die [...] einem Dinge beibringen" oder „Lerngruppen, wo man viel voneinander und miteinander lernt" (Z. 420 f.). Allgemein ist ihr ist wichtig, dass die Teilnehmenden einen „emotionalen Zugang" zu den theoretischen Konzepten erhalten und miteinander ins Gespräch kommen (Z. 427 f.).

Diesen Anspruch, sich in Beziehung zu etwas setzen, transportiert Tanja in ihre Arbeit als Weiterbildnerin und stellt ihn an ihr eigenes Lernen, z.B. mit digitalen Medien: es geht ihr um „Reflexionsimpulse, damit sich die Leute selbst ein gutes System schaffen können" (Z. 91 ff.). Hier bildet sich auch die Brücke zum Transfer zwischen Weiterbildung und Alltag:

„Du musst das nicht nur in Impulsen geben, sondern immer noch gleich die Frage hinterher stellen: was bedeutet das für deinen Kontext, für dein Leben, für deine Arbeit?" (Z. 506 ff.).

Dabei geht es ihr in ihren Seminaren darum, „diese Anbindung an die eigene Lebensrealität immer wieder herzustellen" (Z. 517), also nicht nur am Ende einer Seminareinheit, sondern durchgängig. Tanja legt für digitale Kurse nahe, das in Beziehung Setzen durch gute Strukturierung, enge Begleitung durch Weiterbildner*innen, Transparenz und Reflexionsfragen, die die Videos entschleunigen, zu erleichtern.

Literatur

Lohmann, Ingrid (2002). Humboldts Bildungsideal vs. marktförmige Universität? Vortrag zur Veranstaltungsreihe 'Konsequenzen der Hochschulstrukturreform und der Internationalisierung von Bildung' des AStA der Uni Kassel. URL: http://www.epb.uni-hamburg.de/erzwiss/lohmann/Publik/kassel.pdf

Fallvignette 18: Konrad – „man kann sich das erst vorstellen, wenn man selber mittendrin war"

Hintergrund

> „Mein Werdegang [ist] von klassischer Weiterbildung in einem Großunternehmen [...] hin zu jetzt ganz innovativen Lernformen, die hoffentlich mitreißend sind für ganz viele, die heute Lernen gestalten" (Z. 56 ff.).

Konrad hat Elektrotechnik studiert und war bei einem großen, internationalen Unternehmen als Ausbilder tätig. Darauf aufbauend hat er ein Studium der Betriebspädagogik absolviert und im selben Unternehmen als Weiterbildner „mehrere große Trainingsorganisationen geleitet" (Z. 16), bis er in Pension ging.

Seitdem beschäftigt ihn die Frage:

> „was kann ich eigentlich tun, damit lernen im Unternehmen besser abläuft, als ich es selber immer gestaltet habe, damals?" (Z. 17 ff.).

Selbstorganisiertes Lernen

Konrads Ausgangspunkt ist die Einschätzung, dass „durchschnittliche Seminare, [...] die in Unternehmen immer noch ganz vielfältig laufen" (Z. 20 f.), keine nachhaltigen Effekte zeigten. Daher sei er auf die Suche nach Alternativen gegangen und im Wissensmanagement fündig geworden. Im Interview resümiert er:

> „[Es gibt] so eine Idee beim Wissensmanagement, die heißt, bringt die Leute zusammen, dann tauschen die sich ohnehin aus und damit verbreiten wir Wissen und sichern auch Wissen in andern Köpfen. Und eigentlich ist das nichts weiter wie Entwicklung von Menschen, ohne dass die über Lernen reden" (Z. 28 ff.).

In der Gesellschaft für Wissensmanagement, in der sich Konrad engagierte, lernte er neue Lernformate kennen. Er organisierte auch selbst BarCamps, die er als typisches Wissensmanagement-Format bezeichnet (Z. 39):

> „[W]er so ein BarCamp nie erlebt hat, der kann sich's einfach nicht vorstellen, und man kann sich das erst vorstellen, wenn man selber mittendrin war, wenn man gemerkt hat, was es mit einem macht. Und dann erst hat man eine Chance, überhaupt das dann auch weiter zu tragen" (Z. 74 ff.).

Diese Erfahrungen reflektierend, so Konrad, sei er zu seinen Ausgangsüberlegungen zurückgekommen:

> „man muss auch diejenigen, die Weiterbildung in Unternehmen machen, miteinander verbinden, damit die voneinander lernen können. Und [ich] habe so Communities gegründet […]. Es ist Lernen in Unternehmen und Lernen hat mit Training nur am Rande zu tun" (Z. 41 ff.).

Mittlerweile umfasst die Community mehr als 2600 Mitglieder und organisiert große Veranstaltungen; Konrad ist nach wie vor in ihr aktiv.

Konrads Idee ist also, die für das Lernen in Unternehmen Verantwortlichen auf neue Lernwege aufmerksam zu machen. Sie sollen

> „selber in Situationen kommen, wo sie erfahren: hey, ich hab ja ganz anders gelernt und des ging ja auch. Erst dann, wenn man diese Erfahrung gemacht hat, wird man überlegen: ja, warum mach ich das nicht eigentlich auch in meinem Tagesablauf?" (Z. 69 ff.).

Diese Lernwege folgen der freien Idee des Wissensaustauschs und stehen damit in Kontrast zu klassischen, formalen Trainings. Sie erfordern und erlauben selbstorganisiertes Lernen. Auf die Frage, wie verbreitet selbstorganisiertes Lernen im Unternehmen sei, antwortet Konrad: „noch gar nicht weit verbreitet, aber es beginnt so langsam" (65). Er bringt dies damit in Zusammenhang, dass „wir alle zum Lernen immer angeleitet worden" (Z. 464) seien und gibt zu bedenken:

> „möglicherweise ist Lernen niemals ein angeleiteter Prozess o-der funktioniert niemals als angeleiteter Prozess, denn – ich will es mal so ein bisschen extrem sehen – Lernen bedeutet ja eigentlich das Verschalten von Nervenzellen im Gehirn" (Z. 466 ff.).

Somit müssten Lernprozesse und Lernen an sich als Prozess gesehen werden, in dem

> „wir praktisch das Individuelle am Lernen nach vorne stellen müssen und sagen, das kann sich nur jemand selber erarbeiten" (Z. 476 f.).

Konrad betont also, dass Aneignung stärker als Vermittlung in das Augenmerk von Personalentwickler*innen rücken sollte. Die Beteiligung an Communities und offenen Austauschformaten sieht er als wesentliche Elemente des Lernens.

Lernen mit digitalen Medien

Ein nützliches Lernmedium aus Konrads Sicht sind folglich digitale, genauer formuliert: soziale Medien:

> „Soziale Medien sind so der Lernbooster; alle, die sich mit Lernen beschäftigen, müssten sich mit der Wirkung von Sozialen Medien so beschäftigen, dass sie es dann einbauen können" (Z. 81 ff.).

> „Das muss man persönlich erlebt haben, es reicht nicht, ein paar Studien darüber gelesen zu haben" (Z. 84 f.).

> „Ich habe noch nie so viel gelernt wie über Twitter" (Z. 94).

Twitter erlebt Konrad als ein Format, welches wirkmächtig für das Lernen werden kann und beschreibt es als in „doppelter Hinsicht interessant" (Z. 147). Zum einen gäbe es den Aspekt, den Leuten zu folgen, mitzulesen und sich davon inspirieren zu lassen. Zum anderen gibt Konrad zu bedenken, dass, „wenn man selber schreibt, man [...] viel intensiver in die Themen ein[steigt]" (Z. 149).

Unter den ersten Aspekt fällt für Konrad auch die Möglichkeit, ungebunden vom Lernort zu agieren. Als Beispiel berichtet er von seinem Schlüsselerlebnis mit Twitter. Im Rahmen eines BarCamp schrieb jemand Kommentare bei Twitter:

> „In einer der nächsten Sessions merkte ich dann, dass jemand die Hand hob und sagte: also, ich kriege hier einen Tweet, da sagt jemand, das, was du da eben gesagt hast, kann man auch ganz anders sehen. Und da habe ich gedacht: ja, das reißt ja die Wände der Räume hier ein!" (Z. 109 ff.).

Konrad schätzt an Twitter die Möglichkeit, „Experten aus verschiedenen Bereichen zusammenzustellen" (Z. 159) und dadurch verschiedene Perspektiven auf bestimmte Themen zu erhalten. Neben dem Lesen ist das Sortieren oder Filtern von Informationen für ihn eine wichtige Kompetenz im Umgang mit dem sozialen Netzwerk:

> „dieser soziale Filter, ne, der ist heute und wichtig und interessant, aber man muss an dem Filter ständig arbeiten. Man muss immer aufpassen, dass man nicht bloß in der eigenen Blase bleibt, sondern auch so ein paar Leute aus Nachbarbereichen und verschiedenen Meinungen hat und damit auch verschiedene Sichtweisen, verschiedene Perspektiven wahrnimmt" (Z. 178 ff.).

Aber auch das Schreiben von Tweets ist für Konrad lernförderlich: „öffentliches Schreiben hat ganz viel mit Lernen zu tun" (Z. 125). Durch die Zeichenbegrenzung und die öffentliche Beachtung habe er gelernt,

Dinge auf den Punkt zu bringen und Wichtiges von Unwichtigen zu unterscheiden.

Konrad beschreibt seinen Einstieg bei Twitter so:

> „Mein erster Rat wäre, keinen Empfehlungen von Twitter zu folgen" (Z. 224).

> „Am Anfang liest man erstmal mit, was so andere schreiben und irgendwann hat man dann so das Gefühl, man kann nicht nur nehmen, man muss auch mal geben. Und dann fängt man an, erste Tweets abzusetzen. Ich hab das so bei Konferenzen dann probiert, mal meine Mitschriften in den damals 140 Zeichen zu fassen, und siehe da, plötzlich folgten mir Leute – vorher folgte mir ja keiner, wenn ich nichts schreibe, ist ja auch nichts Interessantes da – und dann waren es die ersten Professoren, die mir folgten. [...] [Das] macht irgendwie was mit einem, [...] wenn man jetzt merkt: die wollen wissen, was ich schreibe" (Z. 122).

Konrad schlägt Twitter-Anfänger*innen vor, von Veranstaltungen ausgehend den dort verabredeten Hashtags und darüber einer überschaubaren Zahl von Leuten mit ähnlichen Interessen zu folgen. Von denen könne man dann in den folgenden Monaten lesen, was sie geschrieben hätten und dann vielleicht auch jenen Personen folgen, die von diesen interessanten Menschen retweetet werden - so wachse das eigene Netzwerk (Z. 224 ff.).

Vernetzung als Strategie in Betrieben

Konrad beschreibt, dass in Unternehmen und Abteilungen oft nach wie vor eine „Abgrenzungskultur" (Z. 360) herrsche, die einer über Jahrzehnte eintrainierten Kultur entspräche (vgl. Z. 365). Hier sieht der Interviewte bei den Unternehmen eine langsame Weiterentwicklung dahingehend, dass der interne Austausch forciert werde:

„alle größeren Unternehmen versuchen, [...] ihre Mitarbeiter zu vernetzen und intern soziale Medien einzuführen" (Z. 263 f.).

„drei Jahre später gibt es kein Unternehmen mehr, die nicht ne nennenswerte Zahl von Mitarbeitern haben, die sich in solchen sozialen Netzwerken zumindest intern engagieren und damit, ich behaupte, immer damit lernen" (Z. 451 ff.).

„Und der nächste Schritt, der kommt [...] unweigerlich, da es Sinn macht für jeden Experten, sich außerhalb mit anderen Experten genauso zu vernetzen, um halt sich und damit sein Arbeitsgebiet und sein Unternehmen weiterzuentwickeln" (Z. 365 ff.).

Als Gründe für innere Vernetzung nennt Konrad zum einen das Ziel der schnelleren Kommunikation:
„ganz bewusst mit der Absicht, [...] die Kommunikation direkter werden zu lassen" (Z. 266).

Zum anderen sei Vernetzung ein Innovationsmotor, damit „Mitarbeiter sich gegenseitig befruchten" (Z. 268 f.), mit dem Ziel, dass Kolleg*innen direkt voneinander lernen, wenn sie konkrete Probleme gemeinsam lösen. Als Rahmenbedingungen dafür, dass Mitarbeiter*innen sich untereinander vernetzen, nennt Konrad „das Zulassen von Kommunikation" (Z. 300) auf Seiten der Unternehmen. Vielmehr
„eine Kultur, [...] in der es erlaubt ist, dass Mitarbeiter von sich aus ihre Gesprächspartner suchen und es darf nicht so sein, dass der Chef sagt: ich will eigentlich gar nicht das andere wissen, was wir hier in der Abteilung machen" (Z. 305).

Für Konrad braucht Unternehmenskultur eine andere innere Haltung bei der Führung der Mitarbeiter*innen, die mehr auf dem Vertrauen aufbaut, dass Arbeitnehmer*innen in der Lage sind, die für sie wichtigen Themen und Gesprächspartner*innen zu erkennen und „nicht vorzuschreiben, was ihr wann mit wem besprecht" (Z. 318).

Der Befragte unterscheidet dabei nicht zwischen digitaler und analoger Anwendung oder Kommunikation. Beide Formen seien sinnvoll und sagen seines Erachtens zunächst nichts über die Qualität aus. Einen Vorteil digitaler Kommunikation sieht Konrad in der Möglichkeit, durch Speicherung implizites Wissen explizit und nachvollziehbar zu machen. Er verweist jedoch darauf, dass in der Regel die Hürden für die Anwendung von digitaler Kommunikation bei den Unternehmen lägen. Die Mitarbeiter*innen seien meistens offen für den Austausch und die Vernetzung und

> „nutzen alle Kommunikationsmöglichkeiten [...] die sich ihnen bieten und die bequem sind" (Z. 340).

Als Beispiele gelungener kommunikativer Öffnungsstrategien nennt Konrad die Firmen Bosch und Continental, die über unterschiedliche Strategien ihren Mitarbeiter*innen direkte und vernetzende Kommunikationsoptionen ermöglichten. Für den Austausch und die Vernetzung innerhalb von betrieblichen Lernprozessen schlägt Konrad Fachforen mit unterschiedlichen Ausprägungen und nicht die in der Regel privat genutzten sozialen Medien wie Facebook oder Whatsapp vor.

Als Methode, den Austausch zu strukturieren, benennt Konrad „working out loud":

> „Es ist niemals eine Unternehmensinitiative, also eine offizielle, die irgendjemand ins Leben gerufen hat, sondern working out loud war immer eine Initiative von einzelnen Mitarbeitern, die gesagt haben: ich fang einfach mal an. Und über die internen sozialen Medien kann man's dann ja auch veröffentlichen und sagen: ich mache es. Und siehe da, plötzlich gibt es immer mehr, die sich dem anschließen, die auch working out loud-Circles bilden, und damit wächst die Bewegung" (Z. 280 ff.)

Konrad gibt zu bedenken, dass Vernetzung in Fachforen für ihn auch ein Einstellungskriterium sei:

> „sich da zu engagieren wird die Zukunft sein. Ich hab [...] in meinem Berufsleben etwa 500 Ingenieure eingestellt, und ich würde heute niemanden mehr einstellen, den ich nicht in irgend nem Fachforen vorher gefunden habe. Des hat zwei Gründe. Der erste Grund ist, damit kann ich jemanden viel besser einschätzen, also mir geht´s so: ich kenne ganz viele Leute online und irgendwann will man sich dann mal sehen, und ich hab noch nie ne Überraschung erlebt, also des waren genau die Menschen, die man sich vorgestellt hat. [...] Also damit ist die Sicherheit, den Richtigen zu finden, schon mal deutlich erhöht. Und das zweite ist, ich will auch sehen, dass ein Mensch etwas tut für seine persönliche Entwicklung und dieses, sich in Fachforen aktiv zu bewegen, bedeutet, an seiner persönlichen Entwicklung arbeiten. Denn man kriegt Rückmeldung von den anderen, man kriegt Informationen von den anderen. Und gleichzeitig so jemanden einzustellen heißt nämlich nicht bloß ihn, sondern eigentlich im Hintergrund einen Teil des Netzwerkes einzustellen, denn er wird ja weiterhin von den anderen beeinflusst und entwickelt und damit entwickelt er mein Unternehmen, ne. Also will mal sagen, welch große Dimension des eigentlich hat, und ich bin ziemlich sicher, immer mehr werden hingucken, wo bewegt sich eigentlich jemand" (Z. 386 ff.).

Pädagogisches Selbstverständnis

Aus Konrads Sicht – die stark auf das Lernen im Beruf Bezug nimmt - lernen Menschen am meisten selbstorganisiert und durch Austausch:

> „wir wissen heute [...], dass 90% des gesamten betrieblichen Lernens ein selbstgesteuertes Lernen ist. [...] Und das bedeutet, dass ja das nur 10% formales Lernen sind, wobei die da auch

Konferenzen und Bücher und so was alles in die 10% mit ein-
rechnen, also die Seminare sind noch weniger. Und alles andere
sind Themen, die sich Mitarbeiter in Unternehmen selber erarbeiten" (Z. 484 ff.).

Als Beispiel nennt er Führungskräfte, die nicht durch drei Tage Füh-
rungstraining fit für Führung würden (vgl. Z. 494), sondern durch eine
Kombination verschiedener Formen selbstständigen Aneignens und
Lernens:

> „Der wird mal ein Buch lesen, der wird mal seine Kollegen fra-
> gen, der wird sehen: wie reagieren meine Mitarbeiter auf mei-
> nen Umgang und und und, also der wird alles Mögliche tun, um
> sich an der Stelle zu entwickeln, und des macht der selbstge-
> steuert" (Z. 495 ff.).

> „Unser Job in den Weiterbildungsorganisationen [müsste] ei-
> gentlich sein, [...] wir müssten so genau hingucken: wie werden
> die denn eigentlich erfolgreich, auf welchen Wegen kommen
> die da hin? Und ich glaub, das sind ganz andere Wege, als wir
> sie immer planen für unsere Lernarrangements" (Z. 503 ff.).

Aufgabe der Personalverantwortlichen wäre dann aufzuzeigen, welche
verschiedenen Lernwege von anderen erfolgreich genutzt wurden bzw.
welche unterschiedlichen Lernpfade es eigentlich gäbe. Eine weitere
sinnvolle Unterstützung wäre aus Konrads Sicht das Kuratieren und Vor-
filtern von Materialien, und auch das Aussprechen von Empfehlungen
für Fach-Communities:

> „guck mal, wenn du da mitmachen würdest, würdest du schnell
> reinkommen. Oder mal zu gucken, was gibt's denn für Veran-
> staltungen, für Videos oder auch für Seminare" (Z. 516 ff.).

Wenn Prüfungen gemacht werden müssten, wäre es für Konrad auch richtig, dass Kompetenz geprüft werde und nicht Wissen. Dies könnte z.B. mit Projektaufgaben nachgewiesen werden.

Reflexion

Konrad ist jemand, der sich leidenschaftlich für das Thema Lernen interessiert, hier gern Neues entdeckt und die Entdeckungen an andere weitergibt. Diese Haltung entspricht auch seinem Lernverständnis: Menschen Erfahrungen machen lassen, diese reflektieren und daraus lernen und ebenso andere von dem Gelernten profitieren lassen. In dem sozialen Netzwerk Twitter sieht er viel Potential sowohl für Wissensaufnahme als auch für Wissensvermittlung. Twitter ist ein funktionierendes, aber auch ein kommerzielles Netzwerk, dessen Existenz von Rahmenbedingungen abhängt, die seine Nutzer*innen nicht beeinflussen können. Auch ist der Wissensaustausch dort sehr unsystematisch. Was müsste man beachten, um ein solches Werkzeug in dem geschützten Rahmen einer Weiterbildung zu konstruieren? Scardamalia und Bereiter (2014) leiten aus der Theorie situierten Lernens sowie aus konnektivistischen und komplexitätstheoretischen Annahmen über selbstorganisierende Systeme Anforderungen an Lernumgebungen ab. In ihren Arbeiten fokussieren sie dabei auf den schulischen Kontext; ebenso lassen sich die Überlegungen des Autorenteams aufgrund des theoretischen Hintergrundes aber auch auf die Erwachsenenbildung übertragen. Scardamalia und Bereiter (2014) plädieren dafür, Lernumgebungen zu schaffen, die das selbstorganisierte Lernen und den Aufbau von Wissen in einer Gemeinschaft, das sog. Knowledge Building unterstützen. Die Lernenden sollen Probleme durchdenken, fundiert erklären und reflektieren, neu definieren und in Handeln umsetzen (ebd., S. 7 ff.). Pädagogische Umgebungen, die ein solches Lernen fördern, beinhalten laut Bereiter und Scardamalia (2014)

- die Unterstützung der Setzung eigener Prioritäten, Selbstreflexion in Bezug auf die Zielerreichung und Förderung von Problemlösefähigkeiten;

- das Teilen von Verantwortung für und die Demokratisierung des Aufbaus von gemeinsamen Wissensbeständen;
- die Suche nach und Priorisierung vielversprechender Ideen;
- die Unterstützung von Diskursen, die Erklärungen liefern;
- die Loslösung von Ideen und Personen zur kritischen Weiterbearbeitung der Ideen;
- das Fördern von Risikobereitschaft und Unsicherheitstoleranz im Umgang mit neuen Ideen (ebd., S. 3 f.)

Das Mitdenken einer Gemeinschaft von Lernenden, der handlungsorientierte Ansatz und die Anregung epistemologischer Neugierde sind auch ein wichtiger Bestandteil von Reformandragogik, wie sie z.B. Paolo Freire (2001) formulierte.

Literatur

Freire, Paolo. (2001). Pedagogy of Freedom: Ethics, Democracy, and Civic Courage. Lanham: Rowman and Littlefield.

Scardamalia, Marlene & Bereiter, Carl. (2014). Smart technology for self-organizing processes. In: Smart Learning Environments 1:1, http://slejournal.com/content/1/1/1.

Fallvignette 19: Simone – „Die Technologisierung [...] widerspricht eigentlich meinem Lernverständnis von Ganzheitlichkeit"

Hintergrund

Simone ist freiberufliche Unternehmensberaterin und arbeitet in Kooperation mit einer Partnerin; dabei bieten sie ihre Beratungen und Coachings seit einiger Zeit vor allem online-basiert an. Im Interview berichtet sie, dass ihr Bildungsverlauf an der Universität von Umbrüchen geprägt gewesen sei und dass sie letztendlich mit einer Promotion im sozialwissenschaftlichen Bereich abgeschlossen habe. Eine universitäre Karriere schien ihr unattraktiv aufgrund der „Strukturen, den befristeten Arbeitsverhältnissen, den Abhängigkeitsverhältnissen" (Z. 44 f.). Nach einer kurzen Phase der Arbeitslosigkeit hat sie Berufserfahrung in einer Unternehmensberatung gesammelt und eine Ausbildung zum Coach gemacht, bevor sie in die Selbständigkeit wechselte.

Im Verlauf des Interviews setzt sich Simone auf verschiedenen Ebenen mit innovativen Ansätzen des selbstorganisierten Lernens in einer zunehmend digitalisierten Gesellschaft auseinander.

Selbstorganisiertes Lernen

Lernen ist für Simone ein selbstverständlicher Bestandteil ihres Lebens:
> „Das ist geleitet von meinem starken [Interesse] an meinem Persönlichkeitswachstum oder an meiner Persönlichkeitsentwicklung und dem Wunsch nach... Ich will halt glücklich in meinem Leben sein und dann probier' ich alles Mögliche aus" (Zeilen 139 ff.).

> „Ich mach ja permanent eigentlich Zusatzausbildung im Sinne von: ich hab jetzt Trauerbegleitung oder jetzt Gewaltfreie Kommunikation, des mache ich aber eigentlich permanent, ich geh permanent irgendwohin oder beschäftige mich mit Dingen,

aber hab mich von den formellen Regelungen komplett gelöst"
(Zeilen 116 ff.).

„Also mein Lernen ist, glaub ich, eher durch Neugierde, Offenheit und Neugierde. Des ist genauso mit dem digitalen Kram
auch: [...] irgendwie ist es ja auch spannend, da mit rein zu gehen, weil da so viele neue Sachen gerade passieren, die halt einerseits Angst machen, also mir zumindest Angst machen, andererseits auch: geht ja gar nicht anders" (Zeilen 534 ff.)

Simone bewertet formelle Weiterbildungsangebote als überteuert und
qualitativ unzureichend (Z. 320 ff.). Wenn sie ein Thema spannend findet und etwas darüber lernen möchte, greift sie stattdessen auf Bücher,
Podcasts oder ihr Netzwerk zurück und holt sich dort Unterstützung –
auch, um Neues auszuprobieren:

„Ich lese tatsächlich Bücher, old school. Und ich lass das jetzt
zum Beispiel begleiten von einer Trainerin, geh dahin und pro-
bier das selber aus. Manchmal google ich irgendwas, aber tatsächlich auch eher rudimentär, [...] also ich mach wenig online.
[...] Was ich viel mache, das sind Podcasts, die höre ich, die höre
ich so zum Einschlafen oder beim Laufen oder so, aber sonst
probiere ich eher aus. [...] Also Podcast hören, ausprobieren
und lesen, Bücher lesen, aber keine Online-Kurse oder so ein
Webinar oder so, sowas nicht" (Z. 303 ff.).

„Ich habe inzwischen so ein Netzwerk, dass ich die Sachen alle
auch so einfach ausprobieren kann, wenn ich merke, ich
möchte was ausprobieren. Also ist eher so, das ist dann selbst-
reguliert: ah, ich such mir jemanden und dann probiere ich das
mit der Kollegin XY einmal eben aus" (Zeilen 330 ff.).

Die Interviewpartnerin beschreibt, dass sie in der Regel zunächst ihren
persönlichen Interessen beim Lernen folgt. Aus ihrer inhaltlichen und

methodischen Reflexion adaptiert und entwickelt Simone dann Konzepte für ihre Trainings- und Beratungsangebote (Zeilen 148 ff.). Auf die Frage, wie sie ihr fachliches Wissen systematisiert und weiterentwickelt, erläutert sie, dass das Formulieren und Überprüfen von beruflichen Zielen im Wechselspiel mit der Antizipation von Veränderungen in der Umwelt eine Daueraufgabe sei. Besonders wichtig für sie sei, neben der alltäglichen Feinarbeit eine Unternehmensstrategie zu entwickeln, eine Wert-Haltung. Simone fragt also: Was wollen wir als Unternehmen repräsentieren, wofür stehen wir?:

> „Also was auch sich immer weiterentwickelt, ist eine Unternehmensstrategie. [...] Sowas wie: wo wollen wir in 10 Jahren stehen und was müssen wir dafür tun? Und das aber dann eher mit so ner Haltung, also wirklich kein- nix auf einer Verhaltensebene, sondern irgendwie: ja, genau so möchte ich gerne sein und so möchte ich irgendwie wirtschaften und so möchte ich irgendwie auf dem Markt erscheinen. Also was weiß ich: zu welcher Bank gehen wir? Wir gehen zur GLS Bank, weil die irgendwie die und die Projekte macht. Und wir wollen irgendwie nicht so eine Berater-Scheiße machen mit irgendwie: wir gehen als Unternehmensberater irgendwohin und fahren da unser Programm, sondern wir schneidern dann alles immer wieder neu zurecht und diese Sachen" (Zeilen 430 ff.).

Lernen und Arbeiten in einer digitalisierten Gesellschaft

Digitalisierung prägt Simones Arbeit auf verschiedenen Ebenen. Eine davon ist das Marketing: die Interviewpartnerin berichtet, dass die Akquise von Aufträgen durch soziale Netzwerke erleichtert werde und dass sich ihre Sichtbarkeit durch Vernetzung verstärke:

> „Netzwerk, nur Netzwerk, keine formellen Sachen, also des formelle ist im öffentlichen Dienst zwar offiziell diese drei Angebote, aber ich hab bisher alle meine Aufträge über Vitamin B

bekommen. [...] Alles trotzdem aufgrund von Beziehungen bekommen, und nie aufgrund von Scheinen. Des Einzige, was einen Unterschied... ist [...] der Doktortitel. [...]. Das also so ne...
[...] im Prinzip symbolischen Kapital" (Zeilen 91 ff.).

Zweitens ist auf inhaltliche Ebene Digitalisierung ein Thema: Simones
Kund*innen stehen vor den Herausforderungen der Digitalisierung und
brauchen hier Unterstützung und Hilfestellungen z.b. in Fragen zur
(Neu-)Organisation von Abteilungen oder individuellen Grenzsetzungen
im digitalen Möglichkeitsraum (vgl. Z. 243 f.).

Drittens erfolgt ein Großteil der Beratung, den Simones Unternehmen
anbietet, im Web. Den Schritt, ihre Arbeit auch online anzubieten, erklärt Simone als Unternehmensstrategie, die die sich verändernden
Lernorte, -zeiten und -verständnisse der Kund*innen reflektiert. So sei
eine flexiblere Einbettung der Beratungsangebote in den Tagesablauf
der Klient*innen möglich (vgl. Z. 224 ff.). Das sehe dann z.B. so aus:

> „ich skype eigentlich auch sehr viel, ich mach Online-Coachings,
> manchmal sitzt   jemand in New York und ich skype mit
> dieser Person drei Stunden, da fängt das Ganze schon an und
> dazu kriegt sie noch ne Vorbereitungsaufgabe, die kriegt sie On-
> line als E-Mail-Anhang" (Z. 179 ff.).

Etwas bedenklich findet sie die (physischen) Abwesenheit der professionell Handelnden:

> „[D]a muss man [...] aufpassen, dass man auch Profession-
> ethisch auf der sauberen Seite bleibt. Also im Sinne von, das ist
> schon eine tiefe Arbeit, die man da macht, und gleichzeitig gehe
> ich davon aus, dass da jemand selbstverantwortlich sitzt, der
> auch sich entschieden hat vor dem Computer jetzt sowas zu
> machen, und dann auch sorgsam mit sich umgehen kann. Und
> gleichzeitig steht dann da [...] auch die ganze Zeit: Sie können
> uns jederzeit kontaktieren. Und so weiter [...]. Also ich finde

eine Kombination besser als nur online, man kann es aber, finde ich, auch online machen" (505 ff].

Darüber hinaus sieht Simone Online-Coaching als „Marktlücke" (Z. 204) und Einsparmöglichkeit, da Reisezeiten entfallen: „Durch Online-Angebote müssen wir weniger Arbeitszeit verkaufen" (Z. 210 f.).

Obwohl sich ihr Unternehmen auf digitalisierte Beratungsangebote spezialisiert hat, ist Digitalisierung aus Simones Sicht nicht nur positiv – tatsächlich taucht der Begriff „Widerstand" mit Bezug zur Digitalisierung 14 Mal in ihrer Erzählung auf. Ein Fokus ist dabei das Verständnis von Bildung:

> „Also meine Erfahrung, meine persönliche Lernerfahrung, [...] die positiv belegten Lernerfahrungen waren alles Lernerfahrungen in Beziehung zu andern. Also ich hab dann am besten gelernt in der Uni oder auch in der Schule, wenn ich ein guten Draht hatte zu der lehrenden Person, und das fällt [...] bei den Online-Angeboten weg erstmal" (Zeilen 450 ff.).

> „Das ist mein Widerstand, [...] also endlos vorm Computer Hocken und Tippen ist für mich nicht positiv belegt, ich hab da keine guten Gefühle bei. [...] Die Technologisierung [...] widerspricht eigentlich meinem Lernverständnis von Ganzheitlichkeit, von: ich habe einen Körper, ich hab irgendwie ein Gefühl, ich hab irgendwie auch einen Geist, ich hab irgendwie ein Ratio. Aber bei dem Technischen wird es erstmal eingegrenzt auf das Technische halt, auf [...] ne bestimmte Rationalität, also bestimmte Algorithmen und so weiter. [...] Also das ist mein Widerstand, weil ich eigentlich immer dann gut gelernt habe, wenn es ganzheitlich war und implizit, nicht explizit! [...] Bei dem Digitalen ist es explizit erstmal und dann geht es darum, das finde ich dann wiederum spannend und dann hab ich so ein bisschen die Widerstände abbauen können, herauszufinden:

wie kann ich [...] da Formate finden, die auch das Implizite wieder mit reinholen, also implizites Wissen vermitteln" (Z. 456 ff.).

Simone spricht hier einen Punkt an, der auch in vorangegangenen Fallvignetten anklang (z.B. bei Bernd), der aber didaktisch bei keinem der bisher befragten Weiterbildenden aufgelöst schien: die Verknüpfung von impliziten Wissen und digitalen Medien. Wann immer Weiterbildung nicht als bloße Vermittlung von Informationen gefasst wird, sondern mehr umfasst als das – ein Involviertsein, Nachdenken über die eigene Rolle und Haltung, das Inbezugsetzen zu sich selbst – stoßen die meisten Konzepte digital gestützten Lernens an ihre Grenzen. Simone entwickelt Online-Bausteine, etwa Video-Kurse mit Reflexionsaufgaben, in denen z.B. unbewusste Strukturen oder Prozesse im Vordergrund stehen. Diese Reflexionsfragen beantworten die Kund*innen zunächst für sich, dann können sie mit Simone in Videokonferenzen und durch Mail-Austausch besprochen werden.

Ein weiterer Aspekt, in dem Simone Widerstand gegenüber Digitalisierung äußert, ist die Veränderung der Arbeitswelt. So berät sie Firmen, in denen sich die Implementierung neuer Technologien als Herausforderung erweist, weil die Mitarbeiter*innen das Neue nicht akzeptieren (Z. 164 ff.). Im Zuge der Digitalisierung wird Selbstsorge aus Simones Sicht zum Thema, und sie reflektiert es in Bezug auf alltägliches Handeln und Arbeiten:

> „Ich habe zum Beispiel meine E-Mails, die ich auf dem Handy empfangen habe, die App gelöscht, weil ich darauf einfach nicht klar komm, also permanent nochmal zu gucken: hab ich ne E-Mail bekommen und so. Das ist mir zum Beispiel zu viel, also eher, so eher neue Grenzen setzten zu lernen, das finde ich eher interessant" (Z. 236 ff.).

> „Ich kann 100 Stunden am Tag arbeiten, kann ich gefühlt auch, und mich überfordert des eher so eine Grenze zu ziehen. Und das ist aber auch das, was wir mit den Leuten halt üben, [...] ne

Variante von Digitalisierung, ne permanente Überforderung, weil das Selbstregulierte [damit] auch was zu tun hat. [...] Da arbeiten wir dann ganz viel mit: wie gehe ich denn selbstverantwortlich um, wie übernehme ich für mich die Verantwortung in diesem komplexen Gefüge, das unübersichtlich ist, widersprüchlich ist und wie verliere ich mich da nicht aus den Augen, also wie halte ich Kontakt zu mir selber?" (Zeilen 247 ff.).

„[Ein] Unternehmen, die [...] arbeiten alle nur selbstorganisiert, als Zellenorganisation. [...] Da sind mehrere Leute jetzt einfach in Psychotherapie gegangen, gekommen, weil die echt überfordert sind. Einfach, du wirst permanent auf dich selber zurückgeworfen, übernimmt keiner mehr die Verantwortung für dich. Und das ist auch ganz schön hart, also des ist echt nicht schön" (Z. 954 ff.).

„ich hab das Gefühl, durch diese Digitalisierung also quasi die Möglichkeit der Vernetzung entsteht auch nochmal so eine krasse [...] gesellschaftliche Verwandlung im Sinne von: diese ganzen Gewerkschaftsstrukturen, so, Arbeitnehmerrechte, sind in Gefahr. Ich hab ja gar keine Arbeitnehmerrechte, so, warum soll ich zu einer Gewerkschaft gehen? Ich bin ja keine Arbeitnehmerin, ne, und gleichzeitig bin ich aber keine richtige Unternehmerin, also ich muss halt auch gucken, dass ich von meinem Geld leben kann. Und dann geht es um die Flexibilisierung der Arbeitszeit bei Gewerkschaften jetzt nur als Beispiel, ich fall durch so viele Raster und gleichzeitig wäre ja digital so viel Potenzial da, ein Netzwerk zu schaffen, aber ich wüsste nicht, wo ich nen Resonanz-Raum dafür kriege" (Zeilen 613 ff.).

Reflexion

Simones Erzählung reflektiert das Lernen und Arbeiten in einer zunehmend digitalisierten Gesellschaft – sowohl neoliberaler Druck als auch Chancen werden dabei deutlich. Als Coach und Unternehmerin reagiert sie inhaltlich, methodisch und strategisch auf die Digitalisierung und wirkt durch die enge, eigentlich unhintergehbare Verflechtung von Lernen und Arbeiten wie ein neuartiger Typus von Arbeitnehmer*in. Es ist ein Muster zu erkennen: neue Inhalte und Methoden werden selbstorganisiert angeeignet, für die eigene Entwicklung und berufliche Verwertung. Die Arbeit ist ohne das selbstorganisierte und ständige Lernen nicht (dermaßen erfolgreich) machbar. Dieses Muster findet sich auch bei Anne (Fallvignette 2) - und – in unterschiedlichen Ausprägungen - bei uns im Projektteam. Klug und Lindner (2017) beschreiben in ihrem Buch vier Typen von modernen, durch die Digitalisierung ermöglichten Lebens- und Arbeitsformen:

- Soloentrepreneur*innen, die wie eine Art Freelancer in einem Unternehmen eigene Projekte bearbeiten;
- Hochleistungsangestellte, die ein hohes Maß an Selbstorganisation und –marketing aufweisen, oft zwischen Selbständigkeit und Festanstellung pendeln und sich durch Verhandlungsgeschick Freiräume z.B. in Hinblick auf die Arbeitszeit schaffen;
- abhängig Beschäftigte Wissens-/Kreativarbeiter*innen, die zeitlich befristet eingestellt sind und durch die innovative Natur ihrer Arbeit große Gestaltungsspielräume haben;
- digitale Tagelöhner*innen und Clickworker*innen.

Auch hier hat Selbstorganisation eine zentrale Rolle: als Lohn für die Notwendigkeit lebenslangen Lernens steht aus Sicht der Autoren mehr Freiheit und Selbstbestimmung. Wie Simone heben Klug und Lindner (2017) hervor, dass der Umgang mit eigenen Ressourcen im Rahmen eines solchen Lebensstils besondere Beachtung erfordert. Mit Simones Worten:

„Also wenn ich nie gelernt hab zu sagen, was ich möchte oder brauche oder überhaupt zu merken, was ich brauche, bin ich total überfordert, wenn es digital wird, weil dann bin ich auch erstmal alleine" (Zeilen 928 ff.).

Während Klug und Lindner die Chancen der Selbstorganisation herausarbeiten, verweist Simone im Interview auf viele Schattenseiten der neuen Arbeit. Kritik an neoliberalen Arbeits- und Lernkonzepten findet sich - auch mit Bezug zum Schlagwort Selbstorganisation – z.B. in den Beiträgen in Bolder u.a. (2010).

Literatur

Bolder, A., Epping, R., Klein, R., Reuter, G. & Seiverth, A. (Hrsg.). (2010). Neue Lebenslaufregimes - neue Konzepte der Bildung Erwachsener? Wiesbaden: VS.

Klug, Markus & Lindner, Michael (2017). Morgen weiß ich mehr: intelligenter arbeiten und lernen nach der digitalen Revolution. Hamburg: tredition.

Fallvignette 20: Basil – „Du kannst auch keine digitalen Angebote entwickeln, wenn du nicht selbst so drauf bist"

Hintergrund

Basil ist Bildungsmanager in einer Weiterbildungsinstitution, einer gemeinnützigen GmbH. In dieser Institution ist er zuständig für die Curriculumentwicklung und die Durchführung von Kursen (Fokus: Medien- und Softwarekompetenz), aber auch auf beratender und organisatorischer Ebene tätig. Er beschäftigt sich u.a. mit Fragen des Umbaus der eigenen Institution in Hinblick auf eine zunehmende Digitalisierung der Arbeitswelt. Das heißt, Digitalisierung beschäftigt ihn sowohl auf inhaltlicher wie auf struktureller Ebene. Basils Bildungsweg führte von einem geisteswissenschaftlichen Universitätsabschluss zu einer Umschulung zum Entwickler interaktiver Lernmedien. Danach arbeitete er als Berater für webbasiertes Lernen in verschiedenen Projekten, bis er als Experte für digitale Medien bei der Weiterbildungseinrichtung angestellt wurde.

Das Interview mit Basil vermittelte uns, wie auch das Gespräch mit Monique (Fallvignette 7), einen guten Eindruck von der Entwicklung des Einsatzes digitaler Medien in der Bildung. Basil bereitet für seine Weiterbildungseinrichtung eine Abkehr vom klassischen E-Learning hin zu Konzepten vor, die an die Digitalisierung der Arbeitswelt angelehnt sind (Projektarbeit, Clouds) vor und betritt damit für Weiterbildungsanbieter konzeptuelles Neuland.

Digitale Medien in der Bildung

Basils Arbeitswelt ist eng mit der Entwicklung digitaler Medien verbunden:

> „mein Gebiet war immer Web-Lernen, also wie verändert sich das durch das Web, ganz ganz konkret" (Z. 132 f.).

„und da bin ich dann raus gespuckt worden 2001, in die immer noch überhitzte Umgebung, [...] wo aber gerade die Luft aus der Bubble entwichen ist. Des hieß, [...] im ersten Moment dachte man, man kann sich den Job aussuchen, und im nächsten Moment war auf einmal gar nichts mehr da. Die Firmen waren dann auch pleite, [...] E-Learning war damals auch ne Art Bubble, ne, des kann man sich gar nicht mehr vorstellen, und dann war sie auf einmal komplett leer und dann hab ich mich irgendwie durchgeschlagen" (Z. 304 ff.).

Basil nahm seine Tätigkeit als Berater für digitale Medien in der Zeit auf, als das Web 2.0 sich etablierte:

„Ich weiß noch, als Twitter losging. Das hab ich kennen gelernt, weil ich halt mit den Amis irgendwie auf der Konferenz zu tun hatte, und dann hat man da sowieso immer die neusten Tools verwendet, die es überhaupt gab. Weil damals kamen ja ununterbrochen neue Tools raus, die alle andere Dinge gemacht haben, und man wusste gar nicht, wozu das gut ist. Und man hat einfach ausprobiert, das war damals dieser Boom, das war ganz praktisch damals. Und jedes Tool war auch so experimentell, also diese Tools wurden immer von so Leuten gebaut und waren wie so kleine Experimente. Dann kam eben Twitter und ich wusste überhaupt nicht, wozu man sowas benutzen sollte. Macht man halt einfach. [...] Gut, es war damals ganz anders, also Twitter hat sich im ersten Jahr ganz anders angefühlt als im zweiten und dann wieder völlig anders in den all den anderen Jahren, also es hat sich unglaublich auch verändert. Es gibt diese Geschichte immer noch, aber sie geht halt schon stark unter in den ganzen anderen Geräuschen, die da sonst noch sind, und Twitter war dann immer so ein Experimentierlabor einfach auch, in dem [man] halt einfach so Sachen ausprobiert hat. Sehr extreme Lernumgebung, also die guten Leute, die im Netz unterwegs sind, lernen unglaublich viel über Twitter" (Z. 1766 ff.).

Basil beobachtete seitdem, wie Digitalisierung in Bildungskonzepte einfloss. Er stellt fest, dass durch Digitalisierung höhere Erwartungen an Weiterbildung gelegt werden:

> „du hast wenig Zeit, also das ist das, was du ja merkst, wenn man mal älter wird. Du hast wenig Ressourcen, du hast wenig Zeit und im Grunde musst du ständig schauen: wie krieg ich das Maximale für mich raus, auch emotional, also was macht am meisten Spaß oder wo kommt einfach am meisten rüber? Also auch das ist des, was die digitale Welt [ausmacht], diese Ungeduld der Leute, dass sie einfach sagen: das ist nicht gut genug oder ist das nicht Zeitverschwendung? Das war früher so nicht möglich, weil du bist halt einfach da gelandet bist, wo du gelandet bist, und irgendwie dachtest du: das muss irre sein. Und dann hast du's gemacht" (Z. 1715 ff.).

Gleichzeitig werden durch die Digitalisierung neue Formen der Kompetenzdarstellung möglich:

> „Also, so, jetzt diese Art von Portfolio, die sich automatisch bildet, wenn du dich dort bewegst. Du kannst sagen: Ich hab unendlich viele Tweets geschrieben mit ernsthaften Inhalten, [mich] mit Leuten ausgetauscht, mit Leuten, mit denen du normalerweise nie in Kontakt gewesen wärst und so. Das kann ich dem erzählen und er kann sich stichprobenhaft nachprüfen und sagen: ja, zeig mal! Und dann sagt er: ja, hoppla, das ist ja toll! Und dann sag ich: das ist ja eindeutig genau die Sorte Mitarbeiter die ich jetzt brauche, tendenziell ist es die Sorte Mitarbeiter, die alle brauchen" (Z. 1682 ff.).

Kritisch steht der Bildungsmanager hingegen klassischem E-Learning gegenüber:

> „ziemlich scheußlich, also Klick-Tunnels [...] mit vor-präparierten Inhalten war es damals und ist es ja im Grunde fast noch bis heute, also über weite Strecken in abgeschotteten Umgebungen" (Z. 284 ff.).

> „wir gehen von der Theorie aus, dass eben E-Learning nicht Zukunft ist, auch nie richtig gut funktioniert hat. Die Leute, wenn die zu Hause sitzen, fehlt ihnen sozusagen sehr viel an Impuls, an Kontext, an, ja, auch an sozialem Schwung" (Z. 675 ff.).

> „die Leute sitzen an Computer [...] und wollen jetzt zum Beispiel eine Sprache lernen. Aber eigentlich lernen se sie nicht, ne, se ham irgendwie DVDs im Schrank, aber die werfen sie kaum ein, und sind eigentlich nur frustriert. Und diese zum Teil ja auch recht anspruchsvoll gemachten - grad Sprache war recht anspruchsvoll gemacht – Lernanwendungen, die sind so genannte Shelf-Ware, also Regal-Ware und [...] die lösen bei dir nur schlechtes Gewissen aus, und warum ist das so? (Z. 351 ff.).

Basil argumentiert, dass digitales Lernen den Charakter von microlearning habe:

> „des liegt eigentlich an der Aufmerksamkeitsstruktur mit den Medien: die [Leute] glotzen ständig in ihre E-Mail-Box, [...] wenn sie für jedes Mal, wo sie in die Mailbox schau[en], was lernen würde[n], dann würde[n] sie die Sprache schneller lernen" (Z. 360 ff.).

> „microlearning ist [...] Lernen mit dem Web. [...] Du kannst gar nicht anders, als micro zu lernen, wenn du dich im Web be-

wegst, weil du immer nur diese kurzen Aufmerksamkeitsspannen hast, und weil [...] die Inhalte im Web viel modularer und kleinteiliger, granularer werden. [...] Jede Wissensaufnahme im Web ist logischerweise microlearning, kommst du nicht umhin" (Z. 429 ff.).

Besonders schätzt Basil Twitter. Er sieht es als „micro-web" (Z. 1750), „die kleinstmögliche Form, in der man das alles machen kann. Es bilden sich neue Formen von Inhalten, also es ist auch total faszinierend zu sehen, wie sich so Textgenres bilden wie Threads. Also es gibt inzwischen gute Threads von richtig guten Fachexperten, da schreibt einer zwölf Tweets in Serie als Thread über irgendein Thema und du hast das Gefühl, das ist viel viel besser, als wenn er das als Artikel schreiben würde. Da hatte ich jetzt schon mehrere, [...] die mich einfach weggeblasen haben" (Z. 1751 ff.).

„Des gibt einen enormen Schub, also da hab ich jetzt sofort einen Impuls und kann auf Einzelsachen auch reagieren, also das ist eine völlig anderen Welt" (Z. 1763 ff.).

„das ist etwas, was ich meinen Leuten nicht beibringen kann, ich kann nicht sagen: Twittert! Das machen die nicht, die haben auch nichts davon auf Anhieb, [...] des ist jetzt nichts, was ich meinem Kurs beibringen würde als erstes. Ich würd sie darauf hinweisen, ich würd sagen: schaut mal dahin, [...] ob Leute aus eurem Fachgebiet da sind. Also das sollten sie schon tun, also passiv, weil das bringt unglaublich viel, das bringt auch jedem unglaublich viel" (Z. 1785.)

Eine Kombination von solchem leichtfüßigen Lernen mit Präsenzphasen sieht er als ideal an und versucht, es an seiner Weiterbildungseinrichtung umzusetzen. Dies wird im Folgenden beschrieben.

Implementierung neuer Konzepte selbstorganisierter und digital gestützter Weiterbildung

Basil schätzt die Rahmenbedingungen für die Implementierung innovativer Lernkonzepte in seiner Weiterbildungseinrichtung als gut ein:

> „wir beginnen, miteinander zu kommunizieren, also vorher war des eher so, wie´s ja in Organisationen generell so ist, [...] mehr so abgeschottete Einzelbereiche, die jeder irgendwie dann so quasi bürokratisch verwaltet. Und des beginnt sich halt zu öffnen, also des ist mehr projekthaft und mehr Kommunikation und mehr Veränderung drin, des ergibt sich quasi zwangsläufig ja aus vielen Gründen, unter anderem durch digitale Medien. [...] Meine Chefin ist [...] sehr geeignet, um sowas anzustoßen, und fördert des. Die Leute, mit denen ich zusammenarbeite, sind [...] nicht typisch generell für [eine gemeinnützige Bildungseinrichtung] - da gibt´s keine Bremser. Also von daher ist [...] Institution hier nichts Negatives. Des Schwierige ist [...] - wie soll man sagen? Know your User, also du musst überhaupt erst von den Leuten aus denken [...]. Aber des lernst du halt von den Web-Firmen" (Z. 495 ff.).

Er sieht drei Ebenen, auf denen Digitalisierung in seinem Bildungsinstitut durchdacht und realisiert werden muss:

- Den ersten Bereich fasst unser Interviewpartner als Untersuchung von Lernwelten, um zu bestimmen, wie die an Weiterbildung Interessierten lernen und arbeiten, welche persönliche Lernumgebung sie haben. Hier wird die Frage gestellt, wie man diese erweitern kann „im Sinne von inhaltlich erweitern quasi oder medial erweitern" (Z. 478 f.), um Formen zu finden, die den Lernenden das Lernen erleichtern (Z. 569 f.), aber auch, um neue Zielgruppen zu erschließen (Schichtarbeiter*innen, Frauen mit Kindern und ländlichem Wohnsitz).

- Der zweite Bereich umfasst die digitale Grundbildung. Hier verweist Basil auf den Digitale-Kompetenz-Rahmen der EU, wo „Erwachsenenbildung und Digitalisierung [...] immer groß symbolisch gefordert" werde (Z. 584 f.). Hier gilt es aus seiner Sicht, den Lernenden zu helfen, „schwimmen zu lernen in diesem [digitalen] Ozean" (Z. 588 f.) – und ihre erworbenen Kompetenzen auch zu zertifizieren. Eine Herausforderung hier liege in der Teilnehmenden-Akquise:

> „was schwierig ist, weil die Leute es ja von uns nicht erwarten: erstmal gibt´s die Kurse generell nicht, ne, es macht ja niemand anders; [...] zweitens erwarten sie natürlich nicht von [uns]" (Z. 611 ff.).

- Die dritte Ebene betrifft die Digitalisierung der Arbeitsweise in der Weiterbildungseinrichtung selbst:

> „des bedeutet natürlich, dass wir unsere ganze Arbeitsweise digitalisieren müssen, also wir müssen ins Netz, wo wir vorher nicht wirklich waren. Wenn man jetzt noch unsere Homepage anschaut, ist sind noch nicht so wirklich begeisternd. [...] Du kannst auch keine digitalen Angebote entwickeln, wenn du nicht selbst so drauf bist. Du musst des machen, ne, du musst dein eigenes Hundefutter essen, sagen die Silicon-Valley Menschen" (Z. 619 ff.).

Basil entwickelt derzeit ein neues Weiterbildungsformat als Blended Learning-Angebot. Die Teilnehmenden sollen projektförmig Aufgaben bearbeiten und dadurch lernen. Ihr Lernumfeld sei – neben den Treffen online und offline – Office 365, das zunehmend in den Betrieben Verbreitung finde und dabei einen Sprung vom Arbeiten auf dem eigenen Computer zum Arbeiten in einer gemeinsamen Cloud bedeute (774 ff.). Basil begründet das mit dem Wandel der Arbeitswelt:

> „Des bahnt sich in Unternehmen [an], eben seit dem Web 2.0 und Enterprise 2.0 war des immer die Diskussion, dass man sagt: wie verändern wir eigentlich diese ganzen Arbeitsweisen der Leute, die bei uns noch ganz traditionell auch sind, aber in anderen Unternehmen eben genauso? Und die Antwort lautet: im Grunde geht es um E-Mail, also in dem Moment, wo du noch einen Desktop E-Mail Arbeitsplatz hast, wo du deine Office-Dinger an ne Mail dranklebst, bist du in der alten Welt. Und wenn du da nicht mehr bist, sondern in einer Gruppen-, Team-, Projekt-Umgebung im Netz arbeitest als Standard, also wenn das dein Normalfall ist: du bist automatisch im Netz und nur in Ausnahmefällen sozusagen nur auf deinem lokalen Computer, dann hast du […] einen riesen Versions-Sprung gemacht, sozusagen, […] und bist eigentlich in einer anderen Welt, fühlt sich anders an" (Z. 791 ff.).

Basil gibt auf Nachfrage auch klare Einschätzungen zur Tauglichkeit von Learning Management Systemen:

> „Unsere Kurse benutzen des zum Teil schon und freuen sich drüber, weil's des vorher nicht gab. Und erstmal ist es einfach der Vorteil eines LMS, also du hast so ne Art schwarzes Brett, so ne Art Lagerfeuer, […] du weißt einfach, du hast einen Ort im Netz, der dein Kurs ist. […] An diesem Ort sind die Kontaktstelle zu deinem Leiter und die aktuellen Termine und da sind auch irgendwelche Sachen zum Runterladen oder du kriegst vielleicht auch immer idealerweise die jeweils neusten wöchentlichen Parolen. Und da sind auch deine Peers. So, also des ist der Kurs. Und ich sag immer: mehr soll man mit dem Ding auch

nicht machen. Was eine dumme Idee ist, glaube ich, ist [...] Lernbausteine zu entwickeln, also im Grunde E-Learning drüber laufen zu lassen, [...] und es ist auch nicht gut mit Gruppenarbeit" (Z. 738 ff.).

Der Kommentar bezieht sich auf ein konkretes LMS, spiegelt aber das im E-Learning bekannte Phänomen wieder, dass das genutzte System oft keine gute User Experience bietet und die Teilnehmenden sich z.B. für kollaboratives Lernen andere Kanäle suchen. Basil schlägt hier eine andere Antwort als WhatsApp und Twitter vor: die Software „Office 365". Die Herleitung dafür ist pragmatisch: er geht davon aus, dass das Gros seiner Klientel in der Arbeitswelt mit Microsoft-Produkten arbeitet und die Betriebe mittelfristig auf Office 365 umstellen werden. Office 365 mit allen integrierten Funktionen und Apps bietet aus seiner Sicht ein Rundum-Paket, nicht nur zum Arbeiten, sondern auch zum Lernen.

Pädagogisches Selbstverständnis

In seiner Rolle als Dozent hat Basil sich an praktischen Vorbildern orientiert und sich zudem gefragt, wie Seminare aufgebaut waren, die er aus Lernenden-Sicht gelungen fand (Z. 1538 ff.). Pädagogische Theorien sind Basil nur als Hilfe für die Praxis wichtig (Z. 1284 ff.):

> „auf dieser Ebene interessieren mich Theorien nur immer so halb, also eigentlich interessiert mich, dass das funktioniert, und ich will die Begriffe immer so runterbrechen, dass ich sie benutzen kann, aber ich bin jetzt nicht daran interessiert, das jetzt lückenlos theoretisch wieder aufzulösen" (Z. 1435 ff.)

Er nennt einige Grundsätze, die ihm beim Lernen und Lehren wichtig sind. So folgt er zum Beispiel dem Motto „eat your own dogfood" (Z. 628 f.), was bedeutet, selbst zu verwenden, was man nach außen trägt. Beispielsweise könne ein Unternehmen keine digitalen Angebote entwickeln, wenn es intern nicht digitalisiert sei. Basil glaubt daran, dass man sich auf Neues (ibs. Digitale Medien) einlassen muss, um Erfahrungen zu machen – also an erfahrungsbasiertes Lernen, was auch bedeuten kann, Lernenden ein Setting vorzugeben, damit sie diese Erfahrungen machen:

> „Genau, so: use these tools, your mind will follow [...]. Genau, und es stimmt: es war die Erfahrung, es war einfach die Erfahrung. Du benutzt bestimmte Sachen und die machen was mit dir. Die verändern deine Wahrnehmung und verändern die Perspektive. Bis zu einem gewissen Teil ist es so, gib den Leuten Office 365 und verbiete ihnen E-Mails und sie kommen nach einem Jahr anders raus" (Z. 1729 ff.).

Basil sieht eine Tendenz innerhalb von Unternehmen, die sich zusammenfassen lässt als „working is learning, learning is working" (Z. 1302) und die Abschaffung von Grenzen zwischen Lernen und Arbeiten meint, auf die sich Lernende, Lehrende und Unternehmen umstellen müssen.

Als wichtigen Punkt für erfolgreiches Lernen nennt Basil die Freiwilligkeit (Z. 1464 ff.). Das Lernen falle leichter, wenn der Lernende das Lernen freiwillig initiiert. Er schätzt die Situation folgendermaßen ein:

> „der Trend geht massiv zu diesem Selbstverantworteten, wobei das Problem natürlich ist, die Leute brauchen das, wir wollen das, aber wir haben noch keine Formen dafür" (Z. 1505).

Demnach brauche es mehr Institutionen, die diesen Wandel aufgreifen.

Die Autonomie beim Lernen, aber auch die Möglichkeit, diese gesteuert abzugeben (z.B. an einen Personal Trainer), hält Basil für die richtige Lernform:

> „Im Grunde denke ich, das ist die normale Art zu lernen und die richtige Art zu lernen, und jedes Weggehen von dieser Art zu lernen finde ich extrem erklärungsbedürftig" (Z. 1631 ff.).

Methodische Beschreibung der Erstellung der Fallvignetten

Einen wichtigen Startpunkt – und eine kontinuierliche Begleiterscheinung – bildete im Projekt die Aufarbeitung von Literatur zu digitalen Medien und zu selbstorganisiertem Lernen in der beruflichen Weiterbildung. Eine methodische Ergänzung erfolgte durch Dokumentenanalysen: Diskussionen in Internetforen und MOOCs wurden mit Bezug auf unsere Projekt-Themen analysiert. Und schließlich führten wir teilnehmende Beobachtungen durch, um durch das persönliche Erproben und Nachspüren besser zu verstehen, was neue digitale und selbstorganisierte Lernformen eigentlich voraussetzen und ermöglichen: So lernten wir in MOOCs, in EduCamps und bei Twitter. Die so gewonnenen Erkenntnisse stellten wir in Bezug zu dem Kern unserer empirischen Arbeit: den Interviews mit Lernenden, Lehrenden und Management.

Die Auswahl der Interviewpartner*innen erfolgte zunächst entlang strukturierender Kriterien: wir wollten sowohl Lernende, als auch Lehrende und Manager*innen befragen, möglichst gleich viele männliche wie weibliche Personen interviewen, verschiedene Sektoren, diverse Organisations- und Erscheinungsformen beruflicher Weiterbildung erreichen (Handwerk vs. "Kopfarbeit"; vollzeitbeschäftigte vs. nebenberufliche Dozent*innen, traditionelle Anbieter vs. Start-Ups...). Im Laufe der Zeit ergab sich aus den geführten Interviews und ihrer Auswertung ein Erkenntnis-Gefüge, aus dem sich durch Vergleiche und Thesenbildungen ableitete, wer noch interviewt werden sollte (vgl. Theoretical Sampling nach Glaser/Strauss).

Die Interviews wurden problemzentriert durchgeführt und ausgewertet. Die Grundannahme des problemzentrierten Interviews ist, dass Menschen imstande sind, Auskunft über ihre Sinn- und Deutungskonstruktionen und ihren Umgang mit alltäglichen Herausforderungen zu geben (Witzel 1982, S. 66). Problemzentriert zu interviewen bedeutet, sich mit einem gesellschaftlich relevanten Problem zu befassen: es geht also nicht um die Untersuchung von persönlichen Charakteristiken oder klinischen Störungsbildern, sondern um kollektive Verarbeitungsformen gesellschaftlicher Realität, um Orientierungsmuster (ebd., S. 67). In unserem Fall ging es um pädagogische Fragen des Umgangs mit selbstorganisiertem Lernen (mit oder ohne digitale Medien), um typische Haltungen und Herausforderungen.

Für die Interviewer*innen bedeutet die Durchführung eines problemzentrierten Interviews, dass sie sich im Vorfeld intensiv über das zu untersuchende Problemfeld informieren sollten – und trotz dieses Vorwissens offen für neue Aspekte in der Erzählung der Interviewpersonen bleiben. Methodisch schlagen sich diese Überlegungen darin nieder, dass ein Leitfaden für das Interview konstruiert wird, der das Vorwissen der Forschenden knapp zusammenfasst und damit als Kompass für das Interview dient. Der Leitfaden kann im Verlauf des Forschungsprozesses optimiert werden in dem Sinne, dass z.B. Fehleinschätzungen der Forschenden, die sich anfangs darin widerspiegelten, eliminiert oder Fragen ergänzt werden; zu beachten ist, dass die Fragen aus dem Leitfaden die Darstellungen der Befragten nicht eingrenzen. Das Vorwissen der Forschenden soll genutzt werden, um Erzählungen zu generieren, und um Rückfragen zu stellen, die das Verstehen fördern. Andreas Witzel verdeutlicht, dass die Interviewsituation für viele Befragte kognitiv (sich erinnern, formulieren) und emotional (Privatsphäre wahren oder einseitige Intimität zulassen) sehr herausfordernd ist, so dass Forschende die Interviewpersonen motivieren und zum Verdeutlichen ihrer Ansicht anregen sollten. Dabei sollte das Interview nicht als Frage-Antwort-Spiel gestaltet werden; vielmehr gilt es, Erzählungen der Befragten anzuregen und die eigenen Fragen an deren Struktur anzuschmiegen. Hilfreich dafür ist z.B., zu Beginn die Relevanz der Meinung der Interviewperson zu unterstreichen, zusammenfassend Vermutungen zu formulieren („dann denken Sie auch, dass…") und vor allem zu Beginn offene Fragen zu stellen – („Wie kommt es, dass…"), um eine kurzatmige Dynamik des Gesprächs zu vermeiden (ebd., S. 92 ff.). Hier können auch Fallvignetten eingesetzt werden: als hypothetische oder durch andere Interviews gewonnene Situationsbeschreibungen, die die zu erforschenden Kernthemen aufgreifen und als Stimulus zum Erzählen dienen (Stiehler et al. 2012).

Die Auswertung der Interviews findet im Rahmen des Problemzentrierten Vorgehens nach Witzel (1982, S. 108 ff.) teilweise bereits während des Interviews statt: die Forschenden interpretieren und stellen den Interviewpersonen Rückfragen in Bezug darauf, ob ihr Verständnis richtig ist. Dabei ist es hilfreich, schon während des Interviews und direkt im Anschluss daran Notizen anzufertigen, die eine erste Bestandsaufnahme sowie Anmerkungen, Irritationen und Schwerpunkte des Interviews enthalten (Witzel 2000). Im Anschluss an das Interview wird die Tonaufnahme transkribiert, wobei in unserem Fall der einfache Wortlaut (d.h. ohne Lautsprache ohne Betonungen, Pausen etc) hinreichend war.

Zur Auswertung eines problemzentrierten Interviews eignet sich ein Codiervorgang, wie ihn auch Witzel (u.a. 1982 u. 2000) empfiehlt. Das Codieren qualitativer Interviews soll deren Fülle und Breite an Qualität verdeutlichen, ohne dabei den Leitfaden aus den Augen zu verlieren. Das heißt, es wurden in unserem Fall sowohl Stichworte aus dem Leitfaden benutzt (Selbstorganisiertes Lernen, digitale Medien usw.), als auch neue Aspekte und Begrifflichkeiten der Interviewten in die Auswertung mit aufgenommen (z.B. Digitalisierung der Arbeitswelt). Dieses Wechselspiel zwischen theoriegeleitetem (deduktiven) und induktiven Vorgehen (Einzelaussagen aufnehmend), kennzeichnet den gesamten Erhebungs- und Auswertungsprozess. Dabei entwickelt sich ein Codierraster (Witzel 2000), auf dessen Grundlage die weiteren Interviews untersucht und verknüpft werden können. Die zentralen Codes bilden auch die Grundstruktur und Gliederung der im Anschluss angefertigten Fallvignetten.

Zur Sicherung der Qualität der Auswertung setzten wir auf die gemeinsame, zeitintensive Auswertung im Team, wobei unsere Diskussionen von der Suche nach Mustern, ihren Begründungen und konträren Sichtweisen geprägt waren. Die Interviews wurden daraufhin untersucht, welche Themen und konkreten Inhalte in ihnen vorkamen, und wie die Interviewpersonen den Sinn ihres Handelns deuten und erklären. Die Aussagen der Befragten wurden dabei einerseits in ihrem Kontext belassen, andererseits wurden die Interviews aufeinander bezogen, um

Spannungsfelder zu verdeutlichen oder Vergleiche zu präzisieren. Grundsätzlich hat jedes Mitglied des Forschungsteams an jeder Fallvignette mitgearbeitet: zuerst in der gemeinsamen Diskussion, dann in der Erstellung der Texte, die sukzessive von einer Hand in die nächste wanderten. Die Fallvignetten sind für uns ein Versuch, die Quintessenz der von uns geführten Interviews festzuhalten, aber auch unsere Reflexion, unseren Erkenntnisgewinn dazu. Die Nähe zum transkribierten Interviewtext suchten wir z.b. durch Verweise auf Originalzitate und –textstellen zu erhalten (daher sind in den Fallvignetten Zeilenverweise enthalten, obwohl wir die Interviewtranskripte selbst nicht publizieren). Unsere Ideen dazu spiegeln unseren damaligen Stand der Dinge wieder und sind als Inspiration gedacht – als eine von vielen möglichen Brücken zu weiteren Fragen, Theorien oder Heuristiken.

Literatur

Arnold, Rolf und Gonon, Philipp (2006). Einführung in die Berufspädagogik. Opladen & Bloomfield Hills: Barbara Budrich / UTB.

Glaser, B. und Strauss, A.L. (2010). Grounded Theory. Strategien qualitativer Forschung. Bern: Hans Huber.

Kahnemann, Daniel (2011). Thinking, fast and slow. New York: Farrar, Strauss & Giroux.

Langer, Phil (2013). Chancen einer interpretativen Repräsentation von Forschung: die Fallvignette als „Reflexive Account". In: Langer, Phil C.; Kühner, Angel; Schweder, Panja (Hrsg.). Reflexive Wissensproduktion: Anregungen zu einem kritischen Methodenverständnis in qualitativer Forschung, S. 113-134.

Lewin, Kurt. (1963/2012). Feldtheorie in den Sozialwissenschaften. Bern: Huber.

Stiehler, Steve; Fritsche, Caroline und Reutlinger, Christian (2012). Der Einsatz von Fall-Vignetten. In: sozialraum.de (4) Ausgabe 1/2012. URL: http://www.sozialraum.de/der-einsatz-von-fall-vignetten.php, Datum des Zugriffs: 11.07.2015

Witzel, Andreas (1982). Verfahren der qualitativen Sozialforschung. Überblick und Alternativen. Frankfurt a.M. und New York: Campus Verlag.

Witzel, Andreas (2000). Das problemzentrierte Interview. Forum Qualitative Sozialforschung 1 (1).

Raum für eigene Notizen

FSC
www.fsc.org
MIX
Papier | Fördert
gute Waldnutzung
FSC® C083411

Zeitfracht Medien GmbH
Ferdinand-Jühlke-Straße 7
99095 Erfurt, Deutschland
produktsicherheit@kolibri360.de